보자마자 **딱** 써지는

창의력
글쓰기

KB210225

서사원주니어

여는 글

이 책을 읽는 친구들 정말 반가워요. 저는 글잘디쌤이에요.

쌤은 우리 친구들 나이보다 더 오랜 시간 글을 썼어요.
그런데 글은, 정말 이상한 친구예요.
자신을 좋아하는 친구한테는 어떤 글이든 척척 쓸 수 있게 해 주는데,
싫어하는 친구한테는 한 줄도 못 쓰게 심통을 부리거든요.

어떻게 하면 글을 좋아하고, 재미있게 쓸 수 있을까요?
<토끼의 재판>에서 호랑이를 지혜로 꼼짝 못하게 만든 토끼처럼
친구들도 글을 뚝딱뚝딱, 쓱싹쓱싹 잘 쓰는 방법이 있답니다.

그건 바로 '글잘디'예요. 그게 뭐냐고요? 처음 들었다고요?
당연해요. 쌤이 만들어 낸 말이니까요.
글잘디가 뭔지 무지 궁금하다면 두 눈 크게 뜨고, 만나 보지 않을래요?
어서 다음 장을 쓱 넘겨 봐요!
아마도 글 쓰는 게 점점 즐거운 일이 될 테니까요.

글쓰기가 제일 재미나는 글잘디쌤

목차

'글잘디'가 뭔지 궁금해하는 친구들을 위해 쌤이 말해 줄게요. '글잘디'는 '우리 몸에는 글을 잘 쓰는 DNA가 있다'는 말을 줄여서 만든 거예요. 과학자가 자신이 발견한 것에 이름을 붙이는 것처럼, 쌤도 '글잘디'라는 이름을 지은 거예요. 이제부터는 그냥 '글잘디'라고 쓸게요.

쌤은 '글잘디'라는 단어를 만들고 얼마나 기뻤는지 몰라요. 아르키메데스가 '유레카'를 외치며 목욕탕에서 뛰쳐나와 알몸으로 뛰어다닌 것처럼 말이에요. 입에 착착 달라붙는다고 온종일 '글잘디'만 중얼거리며 뛰어다녔거든요. 친구들도 계속 말해 봐요. 글잘디, 글잘디, 글잘디, 글잘디, 글잘디…. 주문을 외우면 그대로 이루어지는 마법처럼 '글잘디'만 외쳐도 글이 잘 써질 것 같지 않나요?

'잠재력'이라는 말 들어 본 적 있죠? 아직 겉으로 드러나지는 않았지만, 내 몸에 있는 힘을 말하는 거예요. 쉽게 말하면, 국어도 잘하고, 영어, 수학, 과학, 음악, 미술, 체육까지 뭐든지 잘할 수 있는 DNA가 우리 안에 있다고 생각하면 돼요. 물론, 그중에 조금 더 잘하는 분야가 있는데, 우리는 그것을 '재능'이라고 불러요.

글잘디를 발견하고는 이런 의문이 들었어요. '사람들은 왜 글잘디의 존재조차 모를까' 하고요. 그래서 내 몸에 흐르는 글잘디가 이상했어요. '혹시 나만 글잘디를 마음대로 쓸 수 있는 걸까?' 그런데 결코 그럴 리 없잖아요. 쌤의 교만한 마음을 훌훌 털어내 지나가던 바람의 등짝에 매달아 날려 보낼 때, 비로소 글잘디는 자고 있다는 걸 깨달았어요. 봄이 오기 전까지는 무슨 일이 있어도 깨지 않는 겨울잠을 자는 곰처럼 우리 몸속에 있는 글잘디도 쿨쿨 자는 거죠. 마법에 걸린 '잠자는 숲속의 공주' 알죠? 진실한 사랑의 입맞춤이 공주의 잠을 깨우듯 글잘디를 깨우는 입맞춤은 대체 뭘까 쌤도 너무 궁금했어요.

그런데 글잘디를 깨우는 방법을 알게 된 건 우연이었어요. 글을 잘 쓰지 못할 뿐만 아니라, 관심도 없는 공대생들에게 '감성적인 글쓰기' 강의를 한 적이 있어요. 강의가 끝나고 감성 질문을 써 보라고 했더니 놀라운 일이 일어났어요. 공대생들이 짧지만 멋진 글을 시인들처럼 쓰는 거예요. 쌤은 그때, '바로 이거다!' 했어요. 우리 몸에는 글을 잘 쓰게 하는 DNA가 반드시 있다는 사실과 그것을 깨우는 방법을 알게 된 거예요.

시나리오를 공부하고 처음 장편 시나리오를 쓸 때, 쌤은 끊임없이 질문을 던졌어요. 질문이 쌓여갈수록 주인공은 생생하게 움직이며 이야기는 풍성해졌지요. 질문이 꼬리에 꼬리를 물고 글이 개나리처럼 활짝 피어나게 만들어 준 거예요. 그러자, 내 손은 분홍신을 신은 소녀처럼 종이 위를 폴짝거리며 춤을 췄어요. 낮이 밤으로 변해도 멈추지 않았어요. 정말 얼마나 행복했는지 몰라요. 질문을 통해 글잘디가 깨어났던 거예요.

질문을 하면 글잘디가 하품을 하며 요란하게 기지개를 켜고는 이렇게 말하는 것 같아요. "아흠… 잘 잤다. 내가 너무 하고 싶었던 거네. 이제 글쓰기를 해 볼까?" 그러고는 허공에 마구 떠다니는 글자들을 휙 낚아채서 종이 위에 옮기는 거죠. 글잘디가 깨어난 어떤 친구는 머릿속에 이야기들이 마구 떠올라 입만 열면 이야기가 우수수 쏟아진답니다. 이건 글잘디의 부작용이 아니니 걱정 안 해도 돼요.

자, 그럼, 글잘디를 깨우러 가 볼까요?

감성 질문 쓰기

　질문은 사람에게 하는 것으로 생각하지만, 감성 질문은 달라요. 바다, 해, 달, 별 같은 자연이나 시계, 냉장고, 의자 같은 사물에 하는 거예요. 왜냐하면 글잘디는 주변의 사물과 자연에 말을 거는 걸 좋아하거든요. 그러니 친구처럼 말해 보세요.

- 바닥아, 너는 내가 너를 밟았는데 어떻게 안 아프니?
- 고무장갑아, 너는 설거지하느라 물이 쏟아질 때 안 차갑니?
- 에어컨아, 너는 입으로 바람을 부는 게 안 힘드니?
- 소파야, 너는 우리가 너의 몸에 앉는데 아주 힘들지 않니?
- 호수야, 너는 하늘이랑 쌍둥이니?

_양하늘

바닥아,

고무장갑아,

에어컨아,

소파야,

호수야,

생각의 문이 열리도록 도와주는 감성 질문을 쓰니 사물, 자연과 친해졌을 거예요. 기분도 좋아졌을테지요. 이번에는 조금 더 친해질 수 있도록 사물과 자연을 관찰하고 특성을 생각하며 감성 질문을 써 보세요.

- 해초야, 너는 파도 때문에 심하게 멀미하지 않니?
- 선풍기야, 너는 여름마다 얼굴을 돌리는데 어지럽지 않니?
- 책장아, 너는 책을 들고 있어서 무겁지 않니?
- 구름아, 너는 얼마나 뛰어난 여행가니?
- 시계야, 너는 하루쯤 푹 쉬고 싶지 않니?

_권지우

해초야,

선풍기야,

책장아,

구름아,

시계야,

바다에 사는 해초에게 질문을 던지면 눈앞에 바다가 시원하게 펼쳐지는 게 보이지 않나요? 공간을 넘나들며 여기서 뿅, 저기서 뿅, 글잘디가 깨어나 수영하는 게 느껴진다면 이번에는 사물과 자연의 마음까지 생각하며 다음 글을 읽고, 또 질문을 던져 보세요.

- 지구야, 너는 빙빙 도는데 어지럽지 않니?
- 도로야, 너는 차가 밟고 다니는데 따갑지 않니?
- 해야, 너는 하루에 12시간이나 뜨겁게 일하는데 짜증 나지 않니?
- 파도야, 너는 사람들이 서핑할 때 살이 쓸려 아프지 않니?
- 자동차야, 너는 왜 자꾸만 방귀를 뀌니?

_신유찬

지구야,

도로야,

해야,

파도야,

자동차야,

감성 질문은 친구들의 생각을 변화시켜 생각의 날개를 펴고 하늘 높이 솟아오르게도 하고, 깊은 바닷속으로 빨려들어가 고래처럼 신나는 물놀이도 즐기게 해 줍니다. 원하는 곳이면 어디든지 갈 수 있지요. 게다가 사물과 자연의 마음을 알게 되어 더욱 가까워지죠. 아래 글처럼 마음을 알고 위로해 주는 질문을 써 보세요.

- 바람아, 비가 오면 친구인 구름이 녹아서 짜증 나지 않니?
- 컴퓨터야, 계속 에너지를 써서 힘들지 않니?
- 텔레비전아, 동영상을 많이 틀어서 손이 아프지 않니?
- 핸드폰아, 계속 뜨거워져서 열이 나는 것 같아 속상하지?
- 나무야, 앉지도 못하고 계속 서 있어서 다리가 아프지 않니?

-윤동주

바람아,

컴퓨터야,

텔레비전아,

핸드폰아,

나무야,

감성 질문을 하면 신기하고 재미있어 헤벌쭉 웃기도 하지요. 사물, 자연과 친해지니 절친을 만난 것처럼 기쁠 거예요. 그럼 이제는 절친이 된 사물과 자연에게 두런두런 이야기를 털어놓아 볼까요?

- 달아, 네가 하늘에 나타나면 사람들이 잠만 자고, 밖에 나오지 않는데 심심하지 않니?
- 신발아, 너는 주인이 클수록 발이 배처럼 커질까 걱정 안 되니?
- 수사자야, 너는 갈기 때문에 사냥하기가 어려운데 암사자가 부럽지 않니?
- 눈아, 너는 안경이 너의 시야를 잘 보이게 해주는데 고맙지 않니?
- 보드 마커야, 네가 멋지게 칠판에 그린 그림을 지우개가 다 지워 버리면 슬프지 않니?

_이수현

달아,

신발아,

수사자야,

눈아,

보드 마커야,

지금까지 감성 질문을 다 썼다면 스스로 어깨를 토닥토닥하며 칭찬해 주세요. 사물과 자연에게 친구처럼 말을 걸고, 특성을 생각하고, 마음도 느끼게 되었으니까요. 이번에는 조금 더 깊이 있는 감성 질문을 주제별로 만나 볼까요?

자연에 대하여

- 자연은 자신을 괴롭히는 우리를 싫어할까?
- 공기는 자기 자신을 만질 수 있을까?
- 태양은 얼마나 화가 났으면 그렇게 뜨거울까?
- 태풍은 어떤 감정으로 집을 던져 버릴까?
- 파도는 얼마나 맞았기에 온몸이 파랄까?
- 가자미는 얼마나 맞았기에 납작할까?
- 가난한 어부와 항상 목숨을 걸고 다니는 물고기 중 누가 더 불쌍할까?
- 신은 우리에게 왜 다른 생물을 먹어야 살 수 있게 했을까?
- 하늘은 비를 내릴 때 비 때문에 개미가 다치는 것을 알까?

_이주혁, 정지유

스치듯 지나갔던 자연을 떠올리며 자유롭게 감성 질문을 던져 보세요.

1.

2.

3.

사물에 대하여

"
- 창문은 바람 부는데 왜 동상에 안 걸릴까?
- 종이는 나무를 그리워할까?
- 유리는 사람들이 자기 몸속까지 보는데 기분이 안 나쁠까?
- 나무로 만든 물건은 부서진 걸까 아니면 탄생한 걸까?
- 우리가 입을 옷은 있는데, 옷이 입을 옷은 왜 없을까?
- 책은 우리가 볼 때 어떤 마음으로 우리를 볼까?
- 점퍼는 바람을 맞으며 견딜 때 아프진 않을까?
- 연필은 닳으면 닳을수록 어떤 마음일까?

_박근완, 이주혁, 정지유

주변에 묵묵하게 있는 사물을 둘러보며 감성 질문을 던져 보세요.

1.

2.

3.

4.

지금까지 쓴 것을 부모님이나 친구들에게 자랑스럽게 읽어 주세요. 생각의 폭이 넓어진 만큼 많은 칭찬이 쏟아질 겁니다.

02 N행시 쓰기

두 글자(2행시) 또는 세 글자(3행시) 단어로 짧게 시를 써 보려고 합니다. 어떤 단어로도 쓸 수 있지요. 이건 많이 해 봤으니 쉽게 쓸 수 있을 거예요. N행시를 읽어 보고 한번 써 볼까요?

2행시 쓰기

자	자연의 숲을 걷고 있었는데
연	연꽃이 있어 그 위에 누워 잠을 잤다. _이수현

자	
연	

사	사자를 친구들과 함께 동물원에서 봤다. 그런데 그 사자는
자	자기 자신을 보고 있었다. _강주원

사	
자	

종	종이접기를 홍길동처럼 접었더니
이	이상한 수리가 나왔다. 그 수리가 공기처럼 가볍게 하늘로 날아올랐다. _김태양

종

이

소 소리가 들린다. 그 소리에

리 리본이 흔들린다.   _강주원

소

리

겨 겨울아 떠나지 마. 네가 떠나면

울 울음이 내 눈가에 글썽글썽 맺힐 거야.   _이승민

겨

울

피 피겨 스케이팅은 상쾌하다. 싫은 마음이

겨 겨자씨만큼도 없다.   _이유건

피

겨

월	월급아, 월급아.
급	급하게 또 어딜 가니? _이태훈
월	
급	

3행시 쓰기

이	"이게 뭐야! 아직도 자고 있어? 일어나!" "싫어."
하	하지만 쉽게 포기할 엄마가 아니다.
연	"연날리기 하러 가자!" 그 소리에 나는 벌떡 일어났다. _이하연

조	조화로운 모습으로
재	재탄생하기 위해
호	호수처럼 넓은 마음을 품는다. _조재호

자신의 이름으로 써 보세요.

선	선을 긋고
풍	풍차의 다리를 그렸다.
기	기차도 그렸다. 그리고 그 기차에 사람에게 필요한 물건을 실었다. _신유찬

선	
풍	
기	

고	고기를 바다에서 봤는데
등	등이 부서져 있었다. 그 고기가 울면서
어	어부 때문이라고 했다. _권지우

고	
등	
어	

경	경희궁을 누비고 다니다 보니
희	희미하지만, 분명한 조선의 역사가 보인다.
궁	궁궐의 세월 속에서 우리나라 조선의 아름다움이 느껴진다. _이서윤

경	
희	
궁	

스	스시를 보니
마	마치 행진하는 군사 같네. 모두
일	일일이 모자 쓰느라 고생 많았어. _이주은

스	
마	
일	

짜	짜지만, 값진 눈물이 있습니다.
장	장대비처럼 힘들어 울고 싶을 때
면	면발처럼 끊기지 않는 부모님의 사랑이 있습니다. _이서윤

짜	
장	
면	

개	"개굴개굴" 연못
구	구석에서 소리가 난다.
리	이쪽저쪽 찾다가 찾았다. 엄마 몰래 게임 하다 걸린 개구리의 슬픈 울음소리. _김민재

개	
구	
리	

엄마 몰래 게임 하다 걸린 개구리가 연못 구석에서 뒷다리 들고 벌서는 게 보이나요? 개구리처럼 행동하지 않고, 착한 학생이 될 거라 믿어요.

이번에는 학교 이름으로 쓴 3행시입니다.

새	새롭고 이로운
빛	빛이 나는 학교
초	초원을 달리는 사자처럼 이 학교 학생들의 꿈을 막을 자는 없다. _고우빈

이	이렇게 학교가 좋은데
의	의리가 이렇게 깊은데
초	초롱초롱한 학생이 이렇게 많은데 어떻게 싫어할 수가 있겠니? _김지안

새빛초에 동물의 왕 사자처럼 엄청난 꿈을 가진 친구들이 많다네요. 이의초에는 의리도 깊고, 초롱초롱하고 멋진 학생들이 많다고 합니다. 다니는 학교 이름으로 3행시를 지어 보세요.

이번에는 근처에 있는 사물 이름으로 2행시와 3행시를 직접 만들어 볼까요? 책상, 의자, 냉장고, 세탁기 등 주변을 둘러보고 맘에 드는 사물을 골라 재미나게 지어 보세요.

동요 바꿔쓰기

이번에는 귀에 익숙한 동요의 가사를 재미있게 바꾸어 볼까요? 가사를 바꾸는 것을 '개사'라고 합니다. 동요를 개사할 때는 먼저 노래를 선택하고, 그다음에는 어떤 주제로 쓸지를 결정하면 돼요. 원곡의 가사를 미리 적은 다음, 옆에 글자 수를 맞춰서 쓰면 끝! 어렵지 않죠?

먼저, 같은 노래로 다르게 개사한 글을 비교하며 원곡이 어떤 노래인지 알아맞혀 보세요.

글잘디 송

김태율

글잘디 깨우는 감성 질문에
글잘디가 일어나 일을 합니다.
동화쓰기 시나리오 시와 에세이
넓다란 종잇장에 뾰족한 연필이
종이와 마주 대고 글을 씁니다.

아침 송

안도언

깊은 잠 깨우는 알람 소리에
입이 벌떡 깨어나 말을 합니다.
오 분만 더 십 분만 더 이십 분만 더
넓다란 이불에서 들려오는 소리
지금 안 일어나면 지각한단다.

원곡의 제목은 '우산'이었습니다. 정답을 맞혔다면 축하해요! 같은 동요를 개사했지만, 내용이 아주 다르죠? 그럼, 한번 만들어 볼까요?

원곡의 가사를 보면서 바꿔 써 보세요.

원곡 우산

윤석중

이슬비 내리는 이른 아침에
우산 셋이 나란히 걸어갑니다.
파란 우산 검정 우산 찢어진 우산
좁다란 학교 길에 우산 세 개가
이마를 마주 대고 걸어갑니다.

이번에는 '소풍'이라는 동요를 개사해 보려고 합니다. '소풍'은 산으로 소풍을 가니 꽃들도, 시냇물도, 새들도 반겨 준다는 예쁜 가사예요.

원곡	
소풍	**친구의 바다**
	김태양
시원한 바람이 불어오면	따스한 햇볕이 내리쬐면
우리는 산으로 놀러 가죠.	친구는 바다로 놀러 가죠.
하늘은 드높고 우리는 즐겁다.	바다는 드넓고 친구는 신난다.
꽃들이 웃으며 반겨 주네.	게들이 웃으며 인사하네.
졸졸졸 산골짝 시냇물이	쏴쏴쏴 바다에 바닷물이
노래를 부르며 흘러가죠.	노래를 부르며 쏠려가죠.
하늘은 푸르고 우리는 즐겁다.	바다는 푸르고 친구는 즐겁다.
새들도 노래로 반겨 주네.	조개가 웃으며 인사하네.

이번에는 직접 '소풍'을 개사하여 써 보세요. 소풍이라는 소재와 전혀 다른 내용으로 쓰면 더 재미있을 거예요.

'악어 떼'도 바꿔 써 볼까요? 주제가 뚜렷한 글이라 더 재미있게 느껴질 겁니다. 아래의 글쓴이는 산에 오르고 싶은 충동이 일렁이게 하는 재미있는 글로 바꿔 썼네요. 이렇게 귀엽게 써 봐도 좋겠지요.

원곡

악어 떼

정글 숲을 지나서 가자
엉금엉금 기어서 가자
늪지대가 나타나면은
악어 떼가 나올라 악어 떼!

등산 송

엄지호

영차영차 산을 오르자
영차영차 쉬었다 가자
산 정상이 나타나면은
멋진 풍경 나온다 등산 짱!

이번에는 '비행기'입니다. 주식의 특성을 생생하게 표현한 시로 잘 바꿔 썼어요.
다른 소재로 써도 좋으니 한번 써 보세요.

원곡 **비행기**

윤석중

떴다 떴다 비행기 날아라 날아라
높이높이 날아라 우리 비행기
내가 만든 비행기 날아라 날아라
멀리멀리 날아라 우리 비행기

주식 송

고가빈

떴다 떴다 내 주식 올라라 올라라
높이높이 올라라 예쁜 내 주식
갔다 갔다 내 주식 올라라 제~발
내려 갔다 내 주식 완전 망했다

이번에는 난이도를 조금 높여서 2절까지 개사해 보려 합니다.

나비야

날씨야

김보민

나비야 나비야 이리 날아오너라
노랑나비 흰나비 춤을 추며 오너라
봄바람에 꽃잎도 방긋방긋 웃으며
참새도 짹짹짹 노래하며 춤춘다

날씨야 날씨야 내일 혹시 비오니?
오늘처럼 우산을 가져가야 하느냐?
아님 혹시 가볍게 빈손으로 가느냐?
날씨야 날씨야 내게 답을 주어라

나비야 나비야 이리 날아오너라
노랑나비 흰나비 춤을 추며 오너라
봄바람에 꽃잎도 방긋방긋 웃으며
참새도 짹짹짹 노래하며 춤춘다

아니야 아니야 내일 비는 안 와요
그러니까 우산은 집에 놓고 가세요
알려 줘서 고마워 네 덕이야 날씨야
날씨야 너 땜에 비를 쫄딱 맞았다

일기 예보에는 분명히 비가 오지 않는다고 했는데 갑자기 비가 와서 쫄딱 젖은 경험이 있다면 공감이 되겠죠? 어떤 내용으로 쓸 건지 먼저 고민하고 써 보세요.

이제 노래를 선택하고, 원곡 가사를 적은 다음에 개사를 해 볼까요? 동요도 좋고 좋아하는 가요나 랩도 좋아요. 어떤 노래도 가능하지만, 처음에는 동요부터 시작해서 난이도를 점차 높여 보세요. 같은 노래로 한 편 더 써 봐도 좋습니다.

원곡

사물이나 자연을 사람이라고 생각하며 감성 질문을 던졌다면 동시도 잘 쓸 수 있을 거예요. 시는 연과 행으로 나뉘어 있습니다. 감성 질문을 시의 형식에 맞추어 요리하고, 여기에 '비유와 묘사'라는 치즈를 듬뿍 얹으면 멋진 시가 나온답니다. 마치 음악처럼 리듬과 운율까지 넣으면 동시 완성!

헌시 쓰기

> ### 선생님
> 이서윤
>
> 캄캄한 길 더듬거리고 있을 때
> 나를 위해 찾아오셨습니다.
>
> 어렵고 힘들어 포기하고 싶을 때
> 붙잡아 주셨습니다.
>
> 당신을 우러러봅니다.

자, 어떤가요? 이 시는 선물로 받은 시입니다. 쌤은 이 시를 얼마나 자랑했는지 몰라요. 이렇게 누군가를 위해 지은 시를 '헌시'라고 불러요. 또 다른 헌시도 읽어 볼까요? 할머니, 할아버지께 써 드린 헌시입니다.

> ### 나의 작은 별
> 이하연
>
> 나의 작은 별
> 할머니 할아버지,
> 추석에만 만나듯이
> 별은 밤에만 만난다.

먼지

할머니 할아버지 만나는 곳
먼지 나는 곳

할머니 할아버지 만나면
빛의 속도로 다다다닥 달린다.

할머니 할아버지 만나면
비행기 높이만큼 방방 뛴다.

엄청난 먼지를 풍기며

  할머니, 할아버지를 '작은 별'과 '먼지'로 비유했네요. 위의 시처럼 비유를 넣어 '헌시'를 써 볼까요?

꽃을 주제로 쓰기

　봄에 시를 쓰면 가장 많은 주제가 '꽃'이에요. 예쁜 꽃을 보고 향긋한 꽃 내음을 맡으면 시가 솔솔 향기를 뿜어내서 그런 것 같아요.

벚꽃

이강윤

사르르 사르르
벚꽃잎이 살포시
내려옵니다.

사르르
내려오던 꽃잎이
휘청휘청
바람이
밀었나 봅니다.

사르르 휘청
꽃잎이
내려오는 길은
험난합니다.

개나리

이주은

길쭉하게 뻗어 있는 나뭇가지에
별들이 반짝반짝 꽂혀 있네

아침인데도 반짝반짝
밝은 날을 더 밝게
밝은 마음을 더 기분 좋게
만드는 노오란 별들

가까이 서 있지 않아도
느낄 수 있는 달콤한 향기로
날 유혹하네

　벚꽃잎이 떨어지는 모습을 '바람이 밀었다'고 합니다. 개나리는 '별'에 비유하니 시가 더 감동적으로 변했네요. 꽃을 보면 시가 그냥 주르륵 써질 수 있으니, 실내를 벗어나 꽃향기 듬뿍 풍기는 야외로 달려가 시를 써 보면 어떨까요? 좋아하는 꽃을 주제로 시작해 보세요.

책을 읽고 쓰기

책을 읽고 느낀 점을 마음에 담아 두었다 시를 쓸 수도 있습니다.

코뿔소랑 펭귄

김민재

한 마리의 코뿔소 길을 걷고 있었네
작은 펭귄 옆에서 졸졸
펭귄의 아빠는 코뿔소였네
코뿔소의 아들 펭귄이었네

* '긴긴 밤'(글 루리, 문학동네)을 읽고

독서 감상문을 쓰는 것은 힘들어도 책에 대한 시를 쓰면 독서 감상문이 쉬워져요. 책에서 느낀 감정이 고스란히 녹아 있어, 책에 대한 감상이 오랫동안 남을 수 있으니 한번 써 보세요.

밤하늘 보고 쓰기

밤하늘에 관한 시도 참 많아요. 저 멀리 떠 있는 별과 달이 손짓하는 것처럼 느껴져서 쌤도 별과 달에 관한 시를 쓰곤 하죠.

별

안도연

분명히 들었다.
아기가 태어나면
별똥별이 떨어진다고

그리고 들었다.
별 가운데 하늘로 올라간
친척들이 있다고

모두 사실이었다.
별은 아기가 태어나면
눈물을 흘린다.

그리고 별 가운데
친척들은 빛을 내며
어두운 세상을 본다.

초승달

이태훈

달이 해를 치우고
자기가 나가겠다며
떼를 쓴다.

해는 어쩔 수 없이
달에게 양보를
해 준다.

달이 빛을 먹었는지
달의 몸에서
빛이 난다.

해가 지나가면서
미웠는지 달을
한번 꼬집었더니
달의 몸이 한쪽으로
쏙 들어간다.

별이 눈물 흘리기도 하고, 초승달은 해가 꼬집어서 만들어진 것이라고 하네요. 가족과 함께 밤 나들이를 하며 별과 달에 관한 멋진 시를 써 볼까요?

어때요? 밤 나들이하니 좋았죠? 시를 쓰려고 하늘을 보니 달도 별도 달라 보이지 않던가요? 그렇게 정성껏 쓴 시를 달이 듣도록 별이 소곤거리도록 큰 소리로 들려주세요.

계절을 주제로 쓰기

  계절도 시의 소재로 많이 쓰입니다. 봄, 여름, 가을, 겨울 중에 어떤 계절이 좋은가요? 좋아하는 계절 하나를 정해서 써도 좋고, 사계절 전체의 특징을 잡아서 써도 좋아요.

봄

윤동하

봄에는 벚꽃도 피고
개나리도 피고
풀꽃도 피고
산수유도 피고
철쭉도 피고
나무도 피고
농장도 짓고
봄비도 내리고
먼지바람도
놀러 오고
그래서
마스크 장착하고!

사계절

고우빈

봄은 모든 게 환생하는 계절

여름은 우리의 마음과 일상처럼
오락가락하는 계절

가을은 하늘을 보면 구름 한 점 없어
우리 마음도 텅 비워지는 계절

겨울은 식물들은 옷을 벗고
우리는 옷을 입는 계절

  '봄' 시처럼 그 계절에 피는 꽃을 나열하거나, 풍경을 하나하나 세밀하게 관찰하여 써 볼 수 있습니다. 시를 쓰다 보면 무심코 지나쳤던 나뭇잎 하나도 세심하게 바라보고 느끼게 되지요.
  '사계절'은 또 어떤가요? 내가 계절마다 어떤 옷을 입는지, 어떤 일을 하는지 등 작은 경험 하나를 정하면 쓰기가 더 수월하답니다.

좋아하는 계절을 향한 그 마음을 시로 써 보았나요? 감사하게도 계절은 해마다 우릴 찾아오죠. 전학 간 친구는 다시 만나기 어렵지만, 봄은 내년에 다시 만날 수 있어서 너무 좋아요. 사람과 계절을 비교해서 써도 재미있겠죠?

싫어하는 것 쓰기

가끔은 우리가 싫어하는 것들도 시의 좋은 소재가 된답니다. '월요병'이라는 말이 있을 정도로 모두가 싫어하는 불청객 요일인 월요일이나, 봄의 불청객인 황사에 대해서도 쓸 수 있겠지요.

월요일

이주혁

벌에 쏘인 듯한 월요일이 왔다
다른 날은 기차처럼 빠르지만
월요일은
나무늘보처럼 느리다
천국 같은 주일은
소닉보다 빠르게 지나가고

숙제처럼 싫은
월요일을 새의 날개에 달아서
날려 보내고 싶다

황사

엄지호

모래바람이
몰아치는 바람에 등 떠밀려
날아온 황사

너도 깨끗해지고 싶겠구나

구세주 같은 비가 내리면
너는 오물 같은 흙먼지 옷을
벗을 수 있겠지

생각해 보면 우리 주변에 불청객이 참 많습니다. 그런데 그걸 불청객이라고 생각하지 않는다면 오히려 고마운 존재가 될 수 있어요. 월요일이 오지 않고 계속 일요일만 있다면 보고 싶은 친구들을 만날 수 없잖아요. 그래서 월요일이 불청객인 동시에 감사한 존재가 되는 거죠.

불청객이라고 생각하는 것은 뭔가요? 불청객 시, 한번 써 볼까요?

짧은 시 쓰기

여러 가지 소재로 짧은 시를 쓸 수 있어요. 가볍게 써서 선물해 볼까요?

그리움

이서윤

배가 지나가면 물결이 흔들리고
바람이 지나가면 나뭇잎이 흔들리고
네가 지나가면 내 마음이 흔들린다

물방울

양희유

물방울은 색깔을 다양하게 만들 수 있다
그렇지만
닦으면 금세 사라져 버린다.

시계

이후석

시곗바늘이 가리키는 길은 열두 가지
여기서 네가 갈 수 있는 길은
시곗바늘이 돌아감에 따라
하나씩 늘어나겠지 네 마음도 미래도

말

고가빈

방아쇠는 가볍지만
총알이 지나가는 길의 무게는
상상할 수도 없이
무겁다.

우산

박근완

비 오는 날
우산은 열심히 일한다.
우산은 자신의 뼈대에 걸쳐진
살가죽으로 하늘의 눈물을 맞는다.

자유롭게 쓰기

추석에 할아버지 댁에 갈 때 차가 많이 막히죠? 아래의 시는 그것을 떠올리며 쓴 시예요. 꽉 막힌 도로를 '벽돌 더미'로, 성실한 우리의 일상을 '개미, 해, 달, 파도'로 잘 표현했어요.

추석

조재호

추석이 되어 가족들 보러 간다
도로는 벽돌 더미처럼 꽉 막힌 듯 혼잡하다
그런데도 사람들은 왜 추석에 움직일까?

사람들이 많이 움직인다는 건
모두가 각자의 목적으로 열심히 산다는 것
막힌 도로 건너 행복한 만남이 기다린다는 것

개미가 부지런히 움직이듯
해와 달이 자리를 벗어나지 않듯
바다의 파도가 산을 넘지 않듯
우리도 이렇게 살아야 하지 않을까?

동시를 쓰는 기분은 어떤가요? 쌤은 시 쓸 때의 기분을 '구름 위를 달리는 것처럼 재미있다'고 시에 쓰기도 했습니다. 아마 비슷한 기분일 거라 생각해요. 시에는 쓰는 사람이나, 읽는 사람이나 기분 좋게 해 주는 마법이 있는 것 같아요. 어떤 소재든 괜찮으니 지금 떠오르는 내용이 있으면 자유롭게 써 보세요.

자연과 대화해요

서로에 대해 알면 좋은 친구가 되듯, 우리가 자연과 함께 잘 살려면 자연의 마음을 알아야 해요. 감성 질문에서 자연과 사물에 질문한 것을 떠올리며 더 깊은 대화를 나눠 볼까요?

> ### 가을 나무
>
> 엄지호
>
> 가을이 나무에게 문을 두드리며 이렇게 말했어요.
> "네 머리카락의 색이 변하고 있어. 정말 아름답지 않니?"
> 겨울이 나무에게 문을 두드리며 이렇게 말했어요.
> "네 나뭇가지는 이제 대머리다! 정말 시원하지 않니?"

상상력이 기발한 글이지요. '가을이 나무에게 문을 두드리며 이렇게 말했어요.' 여기서 '가을'을 다른 계절로, '나무'를 다른 사물로 바꾸어 대화하면 돼요. 한번 써 볼까요?

이   에게 문을 두드리며 이렇게 말했어요.

"

이   에게 문을 두드리며 이렇게 말했어요.

"

이번에는 특정 계절에 대해 적어 볼까요?

겨울에게

이승민

겨울에게 문을 두드리며 이렇게 말했어요.

겨울아 너는 나를 늦게 찾아오고 왜 그렇게 빨리 떠나니?

나도 너를 곧 만난다고 생각하면 너무 설레서 마음이 들썩들썩해.

날 생각한다면 조금만이라도 일찍 찾아와 줘.

네가 늦게 오면 아마도 난 슬플 거야.

나도 내 마음대로 되지 않아. 그래도 노력해 볼게.

난 네가 일찍 찾아오리라 믿고 있을게. 그럼 빨리 와.

어떤 계절을 좋아하나요? 쌤은 가을을 좋아하는데 위 글의 주인공은 겨울을 매우 사랑하는 것 같아요. 좋아하는 계절에게 글을 써 볼까요?

_____에게 문을 두드리며 이렇게 말했어요.

아

아래의 글은 나무에게 매우 많은 질문을 합니다.

나무야, 나무야!

박경민

나무야, 나무야, 계절마다 옷 바꾸는 새침데기 나무야.

봄에는 분홍 노을로 옷을 만드니?

여름에는 풀을 다닥다닥 붙이니?

가을에는 빨간 해로 풀을 물들이고

겨울에는 풀을 떼고 하늘에서 내리는 차가운 구름 꽃으로 치장하니?

나무야, 나무야, 새침데기 나무야.

너는 어떻게 옷을 계절마다 갈아입니?

어떤 옷감을 쓰니?

나무야, 나무야, 새에게 집을 선물하려고 하니?

나무야, 나무야, 대답해 줘!

봄, 여름, 가을, 겨울 변하는 나무의 모습을 보며 질문을 한번 해 볼까요?

나무야 나무야,

봄에는

여름에는

가을에는

겨울에는

계절이 다른 계절에게 말을 걸 수도 있습니다. 아래 글처럼 릴레이로 써 볼까요?

계절이 계절에게

박세은

봄이 여름에게 문을 두드리며 말했어요.
"이제 초록색 옷을 입고 온 땅을 적시자."
여름이 가을에게 문을 두드리며 말했어요.
"알록달록한 옷을 입고 구름을 빨아들여 하늘을 파랗게 만들자."
가을이 겨울에게 문을 두드리며 말했어요.
"옷을 벗고 하늘에서 차가운 하얀 솜을 내리게 만들자."
겨울이 봄에게 문을 두드리며 말했어요.
"예쁜 꽃 옷을 입고 바닥이 꽃으로 뒤덮이게 만들자."
봄, 여름, 가을, 겨울은 입는 옷과 날씨를 바꾸는 일이 다르구나!

봄이 여름에게 문을 두드리며 말했어요.

"

여름이 가을에게 문을 두드리며 말했어요.

"

가을이 겨울에게 문을 두드리며 말했어요.

"

겨울이 봄에게 문을 두드리며 말했어요.

"

누구에게나 배워요!

  우리는 책에서만 배우는 것은 아닙니다. 마음의 문을 활짝 연다면 자연, 사물, 역사적 인물 등 누구에게나 배울 수 있답니다.

66

나무에게 배운다

김민재

나는 나무에게 무너지지 않는 인내심을 배운다.
나는 물에게 깨끗함과 계속 흘러내리는 역사를 배운다.
나는 김구 선생님에게 나라를 향한 열정과 국민을 위한 마음을 배운다.
나는 세종대왕에게 다른 사람들을 도와주는 노력을 배운다.

99

나무와 물, 김구 선생님, 세종대왕에게서 무엇을 배우나요?

나는 나무에게   배운다.

나는 물에게

나는 김구 선생님에게

나는 세종대왕에게

과학에게 배운다

이주혁

나는 과학에게 차가운 물이 든 컵이 우는 이유를 배운다.
나는 노력에게 성취감을 배운다.
나는 자연에게 지구가 아픈 걸 배운다.
나는 마틴 루터 킹에게 진정한 자유를 배운다.

과학, 자연, 그리고 마틴 루터 킹 목사님에게 배우는 것도 대단한데, 노력에게도 배운다고 하네요. 그들에게 무엇을 배우는지, 또 다른 누구에게 무엇을 배우는지도 써 보세요.

나는 과학에게

나는 노력에게

나는 자연에게

나는 마틴 루터 킹에게

나는

꽃에게 배운다

안도언

나는 꽃에게 아름답게 사는 걸 배운다.
나는 블랙홀에게 빠져드는 마음을 배운다.
나는 주말에게 자유로운 즐거움을 배운다.
나는 마이쮸에게 노력의 달콤함을 배운다.
나는 약에게 좋은 약은 입에 쓰다는 것을 배운다.

쌤은 글을 잘 쓰거나 열심히 하는 학생에게 마이쮸를 주곤 합니다. 위의 글을 보면 마이쮸에게도 배움을 얻는군요. 무엇을 배우는지 적어 볼까요?

나는 꽃에게

나는 블랙홀에게

나는 주말에게

나는 마이쮸에게

나는 약에게

철사에게 배운다

김태율

나는 철사에게 단단한 마음을 배운다.

나는 나무에게 탐스러운 마음가짐을 배운다.

나는 쓰레기에게 절대 너처럼 살면 안 된다는 본보기를 배운다.

나는 뉴턴에게 그냥 사과가 떨어졌을 뿐인데 그것을 계속 연구하여

만유인력을 알아낸, 사소한 것도 놓치지 않는 정신을 배운다.

나는 엄마에게 나와 동생이 아무리 힘들게 해도 쫓아내지 않고 키우는

인내심을 배운다.

이 글은 깊은 생각을 하게 만들지 않나요? 부모님의 인내심은 엄청난 사랑이 있기에 가능한 것 같습니다. 세상 모든 것에게서 배울 점에 대해 생각해 보세요.

나는   에게   배운다.

나는   에게

나는   에게

나는   에게

나는   에게

고맙다고 말해요!

　이번에는 고마움을 표현해 보려고 합니다. 생각보다 많은 사람과 사물이 우리를 가까이에서 돕는다는 걸 느낄 수 있을 거예요.

> ### 쓰레기통아, 고마워
>
> 엄지수
>
> 쓰레기통아, 쓰레기를 차별하지 않고 잘 먹어 줘서 고마워.
> 휴지야, 슬퍼서 울 때도, 화장실을 갈 때도 함께 있어 줘서 고마워.
> 제습기야, 습기와 사람들의 짜증을 잡아 줘서 고마워.
> 신발아, 상한 음식처럼 지독한 내 발 냄새를 참아 줘서 고마워.
> 보온병아, 경호원같이 따뜻하게 물을 지켜 줘서 고마워.

　놀랍지 않은가요? 쓰레기통을 비롯한 우리 주변의 사물들이 고마운 존재라는 사실이 말이죠. 아마 글을 쓰는 동안 마음이 따뜻해질 거라 믿습니다.

쓰레기통아, 　　　　　　　　　　　　　　고마워.

휴지야,

제습기야,

신발아,

보온병아,

핸드폰아, 고마워

핸드폰아, 내가 계속 떨어뜨려도 네 얼굴이 상처 나지 않고 멋지게 빛나 쥐서 고마워.

에어컨아, 네 바람으로 우리의 짜증과 더위를 날려 쥐서 고마워.

배터리야, 네 수명이 없어지는데도 우리를 위해 희생해 쥐서 고마워.

잠금장치야, 모든 사람들의 소중한 것을 지켜 쥐서 고마워.

종이야, 네 얼굴을 더럽혀도, 너를 개조해도 잘 따라 쥐서 고마워.

주변에 이렇게 고마운 게 많습니다. 핸드폰, 배터리, 잠금장치까지 말이지요.

핸드폰아,

에어컨아,

배터리야,

잠금장치야,

종이야,

노래야, 고마워

박근완

노래야, 공부를 더 쉽게 알려 줘서 고마워.
스마트폰아, 세상의 모든 지식을 알려 줘서 고마워.
전자레인지야, 더 맛있는 라면을 만들어 줘서 고마워.
노트야, 나의 이야기를 들어 줘서 고마워.
기타의 피크야, 내 손톱 대신에 기타 줄과 놀아 줘서 고마워.

쌤도 노래를 들으면서 공부하면 더 잘되는데, 공감되나요? 전자레인지도, 노트도, 피크조차도 정말 고맙죠. 이렇듯 고마움의 대상은 무궁무진합니다.

노래야,

스마트폰아,

전자레인지야,

노트야,

기타의 피크야,

에어컨아, 고마워

김태율

에어컨아, 석탄처럼 자신을 뜨겁게 달구며 우리를 시원하게 해 줘서 고마워.

머리카락아, 스펀지처럼 물에 젖었다가 갈대처럼 어지럽게 흔들려도 내 머리에 붙어 있어 줘서 고마워.

소금 병아, 밥도 없이 빈속에 계속 짠 소금을 먹어 가며 요리를 도와줘서 고마워.

전기야, 쉴 새 없이 전선을 따라 선수처럼 오래 달리며, 전자제품을 쓸 수 있게 해 줘서 고마워.

화분아, 식물을 키울 때 없어서는 안 될 중요한 역할을 하지만, 식물에 가려 인정받지 못해도 묵묵히 할 일을 해 줘서 고마워.

글 속에 고마움이 구체적으로 잘 표현되어 있습니다. 이렇게 비유와 묘사를 넣으면 고마움이 더 깊이 전달될 거예요. 비유를 넣어서 자세하게 적어 볼까요?

아(야),

아(야),

아(야),

아(야),

아(야),

우리는 하루에도 수많은 감정을 느낍니다. 기쁘고, 슬프고, 화나고, 속상하고, 뿌듯한 마음이 롤러코스터처럼 우리를 가만히 놔두지 않죠. 그런 감정들을 표현해 볼까요? 내 마음을 잘 알게 되면 행복한 일이 조금은 더 생길 테니까요.

내 마음을 잘 알아요!

> 나는 기쁠 때 내 마음이 디스코 팡팡처럼 방방 뛰는 것 같아.
> 나는 슬플 때 내 마음이 용암처럼 녹아내리는 것 같아.
> 나는 화날 때 머리에서 불을 피우는 것 같아.
> 나는 속상할 때 내 마음이 빗줄기에 휩쓸려 내려가는 벌레처럼 슬피 우는 것 같아.
> 나는 뿌듯할 때 내 팔이 춤추는 것처럼 혼자 움직여.
>
> ─김보민

기쁘면 나도 모르게 몸이 방방 뜨죠. 옆에 누구라도 있으면 얼싸안고 싶어질 거예요. 우리나라 축구팀이 월드컵에서 다른 나라를 이겼을 때, 모두 그런 경험을 했지요. 빗줄기에 휩쓸려 가는 벌레의 마음처럼 슬프고 속상한 일은 안 생겼으면 좋겠어요.

> 나는 기쁠 때 끝도 없이 이어지는 바다와 같은 상쾌한 기분이 들어.
> 나는 슬플 때 머릿속에 먹구름이 낀 듯 해서 마음의 우산을 접었다 폈다 해.
> 나는 화날 때 태양처럼 뜨겁게 달아올라 얼른 이것을 끄고 싶은 의지가 생겨.
> 나는 속상할 때 한없이 큰 우주처럼 내 마음을 넓히고 싶어져.
> 나는 뿌듯할 때 태풍이 지나간 뒤의 깨끗한 공기처럼 마음이 깨끗해져.
>
> ─조재호

쌤은 바다를 무척 좋아해요. 슬플 때 바다를 보면 슬픔이 파도를 타고 저 멀리 사라지고, 기쁠 때 바다를 보면 위의 글처럼 상쾌해지죠. 속상할 때 오히려 더 마음을 넓히고 싶다는 마음이 부럽네요.

나는 기쁠 때 바람 속에 앉아 있는 듯한 느낌이 들어.

나는 슬플 때 장맛비 속 수많은 물방울 중 하나가 된 듯한 기분이 들어.

나는 혼날 때 땅바닥에 떨어진 봉지가 된 기분이야.

나는 속상할 때 내 마음속 가장 끝에 서 있는 듯해.

나는 뿌듯할 때 세차게 오는 비를 얼굴 그대로 맞는 듯한 느낌이 들어.   _이후석

바람 속에 앉아 있는 느낌을 경험해 본 적 있나요? 바람도 기분이 좋을 때 내는 소리와 슬플 때 내는 소리가 다 달라요. 오늘은 바람 소리로 바람의 기분을 맞혀 보세요. 이렇게, 내 몸과 마음을 들었다 났다 하는 감정들을 적다 보면, 내 마음을 이해하기 쉬워집니다.

나는 기쁠 때 하늘을 나는 새처럼 기분까지 날아오를 것 같다.

나는 슬플 때 고장 난 수도꼭지에서 물이 계속 나오듯이 눈물이 나올 것 같다.

나는 화날 때 유니콘처럼 머리에서 뿔이 나올 것 같다.

나는 속상할 때 멀쩡하던 벽이 지진으로 갈라지듯, 친구가 멀어지듯, 세상이
무너져 내릴 것 같다.

나는 뿌듯할 때 개구리처럼 폴짝폴짝 뛰어다닐 것 같다.

나는 귀찮을 때 나무늘보처럼 느릿느릿 침대에 붙어 있을 것 같다.   _박세은

눈물은 마음을 정화시킨다고 합니다. 마음의 상처를 눈물로 깨끗하게 씻는 거죠. 아무 때나 주르륵 눈물을 흘리면 오해를 받을 수 있겠지만, 속상할 때 엉엉 우는 것은 매우 좋은 방법이라고 하니 한번 해 보세요.

이제 자신의 마음을 들여다본 뒤에 감정을 표현해 볼 차례입니다.

나는 기쁠 때

나는 슬플 때

나는 화날 때

나는 속상할 때

나는 뿌듯할 때

나는 귀찮을 때

이제는 왜 그런 기분이 들었는지도 한번 써 볼까요? 아래의 글부터 가만가만 읽어 보세요.

"

나는 기쁠 때 내 주위를 둘러싸고 있는 자연이 정말 살아 있는 것만 같아.
나무들은 나뭇잎이 서로 스치는 소리를 내며 내게 손을 흔들어 주고, 시원한 바람이
불어오면 모든 잎사귀들과 풀들이 내게 환호하는 것 같아. 햇빛도 특별히 내게만 내
리쬐어 따뜻해지거든.
나는 속상할 때 불이 붙지 않은 석탄이 된 것 같은 기분이 들어.
나도 에너지를 내서 일을 해결하고, 도움이 될 수 있는 존재인데, 나를 북돋아 주는
이가 없어 무력하게 느껴지고, 위축되기도 해.

나는 슬플 때 개똥벌레가 된 것 같은 기분이 들어.

개똥벌레를 우습게 보는 것처럼 모든 시선이 나를 향해 있는 게 느껴져. 개똥벌레가 무거운 똥 덩어리를 등에 지듯, 나도 감당 안 되는 악감정들이 귀에 속삭이는데, 거기서 빠져나오지 못한 채 계속 등에 메고 있는 것 같아.

나는 혼날 때 소나기 때문에 바위 밑에 웅크린 어미 잃은 새끼 호랑이가 된 것 같아.

엄마에게 혼날 때 내 안에 짜증나고 답답한 마음이 요동쳐 말하고 싶지만, 아무리 봐도 그 말이 맞아 소리치다가는 큰일 날 거 같아 웅크리게 돼.

나는 뿌듯할 때 영화 속 주인공이 된 것만 같아.

마치 영화 속에서 큰일을 해낸 주인공처럼 어깨가 으쓱하고, 활기차기도 해. _김연수

나는 기쁠 때

나는 속상할 때

나는 슬플 때

나는 혼날 때

나는 뿌듯할 때

나는 이런 친구가 되고 싶어

우리에게 친구가 없다면 어떤 일이 벌어질까요? 아마 암흑 속에 있는 기분이겠죠. 그런데 좋은 친구를 사귀려면 내가 먼저 좋은 친구가 되어야 해요. 친구에 대한 이야기도 아주 쓸 말이 많은 글감이랍니다.

> 나는 물처럼 너의 화를 식혀 주는 친구가 될게.
> 나는 책처럼 너를 재밌게 해 주는 친구가 될게.
> 나는 점퍼처럼 너를 따뜻하게 보호해 주는 친구가 될게.
> 나는 글잘디처럼 너의 글 실력을 높여 주는 친구가 될게.
> 나는 청소기처럼 너의 스트레스를 없애 주는 친구가 될게.
> 나는 안경처럼 너를 편안하게 해 주는 친구가 될게.
> 나는 상처럼 너를 뿌듯하게 만들어 주는 친구가 될게.   _김민재

책처럼 재밌게 해 주고, 점퍼처럼 보호해 주고, 글잘디처럼 글 실력을 높여 주는 친구가 있다면 얼마나 좋을까요?

> 나는 나무처럼 항상 똑같은 자리에 우뚝 서 있는 당당한 친구가 되고 싶다.
> 나는 말 한마디 한마디가 꿀처럼 달콤한 친구가 되고 싶다.
> 나는 스카프처럼 친구를 따뜻하게 보듬어 주는 친구가 되고 싶다.
> 나는 영웅처럼 친구가 위험에 처했을 때 나타나 지켜 주는 친구가 되고 싶다.
> 나는 침대처럼 피로를 해소해 주는 친구가 되고 싶다.
> 나는 양말처럼 빨면 더러움이 씻기는 털털한 친구가 되고 싶다.   _김지안

나무처럼 항상 같은 자리에 있는 친구, 꿀처럼 달콤한 말을 전해 주는 친구, 나를 따뜻하게 보듬어 주는 친구, 위험에서 지켜 주기도 하고, 피로도 풀어 주는 털털한 친구. 이런 친구가 옆에 있다면 얼마나 좋을까요?

나는 지우개처럼 항상 기회를 주는 친구가 되겠다.
나는 형광펜처럼 다른 친구를 돋보이게 하는 친구가 되겠다.
나는 쓰레기통처럼 친구의 안 좋은 면을 보더라도 다른 사람에게 말하지
않는 좋은 친구가 되겠다.
나는 비누처럼 다른 사람을 깨끗하게 하는 친구가 되겠다.
나에게 좋은 친구가 생기면 활짝 피어난 꽃처럼 기분이 좋을 것 같다.
나에게 좋은 친구가 생기면 수백 번을 넘어진 끝에 일어난 아기처럼 기쁠
것 같다.
_정지유

위의 글은 이런 친구가 되고 싶은 게 아니라, 강력하게 되겠다고 말하네요. 지우개처럼 기회를 주고, 형광펜처럼 돋보이게 하고, 안 좋은 면을 봐도 다른 사람에게 말하지 않는 듬직한 친구가 있다면 참 든든할 겁니다.

나는 시처럼 아름다운 말을 선물해 주는 친구가 되고 싶다.
나는 그림자처럼 친구가 힘들 때 그늘이 되어 주는 친구가 되고 싶다.
나는 신발처럼 친구가 다치지 않게 보호하는 당당한 친구가 되고 싶다.
나는 수정 테이프처럼 친구의 실수를 감춰 주는 친구가 되고 싶다.
나는 열쇠처럼 친구가 원하는 문을 열어 주는 친구가 되고 싶다.
나는 강아지처럼 친근하고 힘이 되어 주는 친구가 되고 싶다.
나는 팔찌처럼 친구의 손을 잡고 동행하는 친구가 되고 싶다.
_이주은

아름다운 말은 하는 사람도, 듣는 사람도 행복하게 해 줍니다. 친구를 보호하고, 실수를 감춰 주고, 마음의 문을 열어 주고, 친근한 친구, 이런 친구 본 사람 어디 없나요?
주변의 좋은 친구를 한 명 한 명 떠올리면서 익숙한 사물에 빗대어 생각하다 보면 이렇게 생생한 글을 쓸 수 있습니다.

나는 답지처럼 친구의 고민을 해결해 주는 친구가 되고 싶다.
나는 헬멧처럼 친구의 상처를 감싸 주는 친구가 되고 싶다.
나는 책처럼 친구가 모르는 것을 알려 주는 친구가 되고 싶다.
나는 개그맨처럼 친구들을 재미있게 해 주는 친구가 되고 싶다.
나는 샌드백처럼 친구의 스트레스를 이해해 주는 친구가 되고 싶다.
나는 물이 갈증 해소를 해 주는 것처럼 친구의 힘듦을 이겨 내게 해 주는 친구가
되고 싶다.

_이하민

가끔은 내 고민을 누군가 해결해 주었으면 하는 생각이 듭니다. 상처를 감싸 주고, 모르는 것을 척척 알려 주며, 같이 있으면 마구 웃게 되는 그런 친구가 되고픈 간절한 바람이 꼭 이루어지길 바라요.

나는 거울처럼 너를 동일한 시선으로 봐 주는 친구가 되겠다.
나는 눈처럼 서로의 앙금과 분노를 녹이는 친구가 되겠다.
나는 노래처럼 여러 감정이 들게끔 하는 친구가 되겠다.
나는 한 장의 백지처럼 네게 무한한 가능성을 주는 친구가 되겠다.
나는 화살표처럼 너를 이끌어 주는 친구가 되겠다.
나는 가방처럼 네 짐을 덜어 주는 친구가 되겠다.
나는 공기처럼 네게 당연하게 존재하는 친구가 되겠다.
나는 공기 구멍처럼 네 응어리를 뚫어 주는 친구가 되겠다.

_이후석

이번에는 좀 더 강력한 좋은 친구가 되겠다고 다짐합니다. 동일한 시선으로 봐 주는, 앙금과 분노를 녹이는, 감정이 풍부한, 무한한 가능성을 주는… 그런 친구가 되겠다는 글쓴이는 이미 좋은 친구인 것 같네요.

더 좋은 친구가 되고 싶다는 다짐을 한번 적어 볼까요? 글은 말보다 더 강력해서 이렇게 적다 보면 좋은 사람이 될 확률이 높아진답니다.

나는 　　　 처럼 　　　　　　　　 친구가 되겠다.

나는 　　　 처럼

주제 일기·생활문·기행문 쓰기

주제 일기·생활문 쓰기

일기와 생활문은 자신이 겪은 일이나 생각, 느낌 등을 쓴 글입니다. 일기는 오늘 일어난 일을 쓴 글이지요. 생생하게 쓰기 위해 대화를 많이 넣고, 생각이나 느낌을 비유와 묘사로 쓰면 좋습니다.

엘레강스게코 도마뱀을 만나다

김태양

지난 토요일, 아빠가 형의 시선을 피해 밀웜을 사러 가자고 했다. 팔딱거리는 메뚜기같이 신기하게 생긴 사장님이 환하게 웃어 주었다. 근데 거기서 2억 년은 묵은 그! 냄새가 났다. 어쨌든 기생충처럼 꿈틀거리는 밀웜을 계산하는데 뭔가 물에서 갓 나온 물고기처럼 파닥거렸다. 드래곤을 축소한 것처럼 생긴 '그것'은 도마뱀이었다.

금붕어가 높이 점프하듯 내 눈이 툭 튀어나오도록 보고 있는데, 아빠가 천사 같은 목소리로 말했다.

"두 마리만 주세요."

그리하여 나는 몽당연필만 한 귀여운 '엘레강스게코'를 키우게 됐다.

한 마리는 돼지에 버금가는 속도로 먹이를 먹고 나머지 한 마리는 바다만큼 진지하다. 어쨌든 둘 다 썩은 그! 냄새가 나는 똥을 잘 싼다. 그리고 여전히 두 마리 모두 만수무강하게 먹이도 잘 먹고 잘 살고 있다.

재미있게 읽었나요? 이렇게 생생한 생활문을 쓰려면 3가지만 기억하면 됩니다. **1. 글감 정하기 2. 이야기 흐름 정리 3. 비유와 묘사 넣어 글쓰기**입니다. 위 생활문의 글감은 '엘레강스게코 도마뱀을 만난 것'이겠지요? 제목을 보면 알 수 있습니다. 이제 이야기 흐름을 정리해 볼까요? ① 아빠와 밀웜 사러 감. ② 밀웜 가게에서 엘레강스게코 도마뱀을 발견함. ③ 도마뱀 두 마리를 삼. ④ 도마뱀은 건강하게 잘 살고 있음.

이 흐름에 비유와 묘사를 덧붙여 생생하게 쓰면 됩니다. '메뚜기같이, 물고기처럼, 금붕어가 높이 점프하듯, 천사 같은, 바다만큼' 등의 비유가 들어가니 글이 더 생생해졌죠? 대화도 적으면 좀 더 실감 나게 느껴진답니다.

"

김장 이야기

김태율

아침 일찍 일어나서 김장하러 할머니 댁으로 출발했다. 할머니 댁은 굉장히 멀기 때문에 가는 데 5시간이 걸린다. 그래서 빨리 도착하려면 차가 막히지 않도록 아침 일찍 출발해야 한다. 그런데 동생이 사촌 형과 딱지치기한다며 딱지를 챙기느라 늦게 출발해서 차가 꽉 막혔다.

"이대로 가다간 6시간 30분이 걸리겠네."

아빠가 말했다.

"빨리빨리!!"

나와 동생이 큰 소리로 외쳤다. 하지만 너무 막혀서 일단 휴게소에 들렀다. 그리고 5분 정도 쉬다가 출발했는데 갑자기 차가 뻥 뚫려서 빨리 갈 수 있었다. 드디어 할머니 댁에 도착했다.

우리는 안으로 들어가 먼저 절인 배추에 만들어 놓은 김칫소를 쓱쓱 발랐다. 그리고 아주 맛있는 수육을 먹었는데 얼마나 잘 삶았는지 고기 표면에 기름이 쫙 칠해져서 모기가 앉아도 미끄러질 만큼 육즙이 넘쳐났다. 그 고기를 입에 넣으니, 육즙이 불꽃놀이를 하듯 입 안에서 팡팡 터졌다. 가족 모두 게 눈 감추듯 수육과 김치를 먹어 치웠다.

"

이 글은 김장하는 날의 이야기를 글감으로 쓰고 있습니다. 이야기 흐름은 어떤가요? ① 아침 일찍 출발. ② 휴게소를 들렀다 할머니 댁에 도착. ③ 김장을 하고 수육을 먹었다! 맞나요?

이 글에도 비유와 묘사가 있습니다. '모기가 앉아도 미끄러질 만큼, 육즙이 불꽃놀이하듯, 게 눈 감추듯' 등의 표현이 생동감을 주지요.

캠핑을 가다

안시언

　나는 지난 주말에 가족과 함께 가평에 있는 캠핑장에 갔다. 신기하게도 캠핑장 안에는 실내 배드민턴장이 있었다. 나는 거기서 아빠와 보드게임처럼 재미있는 배드민턴과 야구를 했다.

　"아빠 셔틀콕을 조금만 더 높이 서브해 줘!"

　"알았어. 간다!"

　나는 놀이공원에 온 듯 신이 나서 이리저리 돌아다니며 셔틀콕을 백두산처럼 높이 제주도처럼 멀리 쳤다. 그렇게 치고 치고 치다가 셔틀콕이 바닥에 톡 떨어졌다. 그러다 내가 서브를 했는데, 셔틀콕이 창틀에 걸리고 말았다. 아빠는 화를 내기는커녕 이렇게 칭찬해 주셨다.

　"하하, 우리 딸, 높게 잘 치네."

　배드민턴을 그만하고 야구를 했다. 나는 타자를 했고, 아빠는 투수를 했다. 오빠가 자기도 끼워 달라며 포수를 했다. 아빠가 공을 던지자 나는 타이밍을 맞춰 방망이로 세게 쳤다. 공은 아주 멀리 힘차게 날아갔다.

　"우리 딸, 야구 선수 해도 되겠는데?"

　아빠가 이마에 뽀뽀를 하며 칭찬해 주셨다. 시간은 얼마나 빠른지 금세 저녁이 되었다. 나는 저녁을 먹고 캠프파이어 준비를 하며 장작에 불을 붙였다. 장작이 참 잘 타서 불이 그림처럼 예뻤다. 마시멜로를 구워서 먹고 불빛을 보다가 그만 잠이 들었다. 이렇게 좋은 캠프파이어는 그때가 처음이었다.

　캠핑 간 이야기를 참 재미있게 쓴 글이죠? 아빠와 배드민턴과 야구를 하며, 대화한 내용을 아주 실감 나게 썼어요. 예쁜 캠프파이어가 그림처럼 눈앞에 그려지지 않나요? 가족과 함께 즐거웠던 경험을 일기나 생활문으로 꼭 남겨 보세요. 길게 쓰려는 부담은 버리고 일단 시작하는 것이 중요하답니다.

강아지 판다가 눈앞에

이강윤

내가 집에 가고 있을 때, 갑자기 친구에게 전화가 왔다.

"야야! 얼른 우리 집에 와. 강아지 있어."

친구의 다급한 목소리가 들려왔다. 나는 얼른 친구의 집으로 향했다. 친구의 집에 도착하자마자 강아지가 왈왈 짖고 꼬리를 흔들며 반겨 줬다. 나는 너무 귀여워서 친구에게 인사도 잊은 채 바로 무릎을 꿇고 강아지를 만지느라 바빴다. 강아지의 털은 솜사탕처럼 부드러웠고 마치 판다처럼 눈에 까만 털이 있었다. 그것을 보자 친구한테 할 말이 수천 가지로 늘어났다.

"강아지 이름이 뭐야?", "강아지 어디서 데려왔어?", "강아지 아주 귀엽다." 등 많은 질문을 했다.

"야, 천천히 물어 봐."

친구가 웃으며 말했다.

강아지 이름은 예상대로 '판다'였고 판다의 주인인 옆집 아저씨가 출장을 간 세 달 동안 맡겨 놓은 거라고 했다. 그 이후로 나는 세 달 동안 매일 그 친구 집에 가서 판다와 놀았다.

판다를 닮은 강아지라면 얼마나 귀여울까요? 판다가 눈앞에 있다면 같이 달리기도 하고 재미있게 놀텐데 아쉽네요. 부릉부릉! 생활문 쓸 시동을 걸었다면 이제 글을 척척 써 나가리라 믿어요. 겪은 일 중에 재미있었던 걸 떠올리고, 비유와 묘사, 대화를 넣어 생생하게 쓰면 됩니다. 자, 생활문 쓰러 출발!

1. 주제 정하기	을 만나다
2. 이야기 흐름 정리	1
	2
	3
	4
	5
3. 비유와 묘사 넣어 글 쓰기	

1. 주제 정하기

2. 이야기 흐름
   정리

3. 비유와 묘사
   넣어 글 쓰기

기행문 쓰기

기행문은 여행을 다녀와서 쓰는 글을 말합니다. 핸드폰으로 사진만 찍고 오는 것보다 글로 감동을 기억하는 것은 훨씬 좋은 일이지요. 낯선 곳에서 만난 사람들의 환한 웃음과 코발트 빛 바다는 일상에서는 마주할 수 없는 거잖아요.

> ## 유럽에 다녀와서
>
> 김지안
>
> 지난 8월 프랑스와 이탈리아, 벨기에, 영국에 다녀왔다. 나는 그 중 프랑스 파리에 있는 루브르 박물관과 바티칸 시국이 가장 기억에 남는다.
>
> 나는 루브르 박물관에 대한 환상이 있었다. 루브르 박물관에서 여유롭게 다니며 그림을 감상할 줄 알았는데, 긴 대기 줄이 먼저 날 반겼다. 하지만 그래도 괜찮겠지 하고 줄을 섰는데 뜨거운 햇살이 내 머리와 목을 달궈서 정말 힘들었다. 머리에서 김이 모락모락 날 것만 같았다.
>
> 그래도 들어가 여러 작품을 보았다. '밀로의 비너스', '니케 여신상' 등 많은 것을 보았다. 내가 가장 기대했던 작품은 '모나리자'다. 그런데 관람하는 줄이 꽤 길었고 내가 생각한 것과는 다르게 작품이 정말 작았다. 하지만 모나리자를 보는 것 자체로 만족했다.
>
> 바티칸 시국 안에 있는 바티칸 박물관도 매우 인상 깊었는데, 그중에서 '피에타'와 '천지 창조'가 제일 좋았다. 먼저 '피에타'는 내가 좋아하는 작품 중 하나라 꼭 보고 싶었다. 작품을 보는 순간 내가 원하는 것을 다 이룬 기분이 들었다.
>
> 다음은 '천지창조'다. 난 이 그림을 그린 미켈란젤로가 대단하다고 생각한다. 왜냐하면 커다란 벽을 장식할 정도로 크게 그림을 그리기도 어려운데, 그걸 천장에 그렸다니 정말 놀라지 않을 수가 없다. '천지 창조'는 정말 멋있다. 웅장함과 동시에 감동을 주는 그림이다. 마치 여름에 10시간 동안 햇볕 아래에 서 있다가, 에어컨 앞에서 얼음물을 마시는 것 같은 그런 감동이 밀려왔다. 앞으로도 멋진 예술 작품을 감상하는 멋진 여행을 하고 싶다.

여행은 잘하고 왔는데 이렇게 기행문을 쓰는 게 쉽지 않다고요? 기행문도 생활문과 비슷해요.

첫째, 여행 간 장소를 고릅니다. **여행지**를 정하는 것이지요.

둘째, 그중 특히 **흥미롭고 즐거웠던 장소**를 적습니다. 먼저 여행 간 기억을 더듬으며 시간 순서대로 쓰다가 숙소, 여행지, 해변, 박물관 중에서 흥미롭거나 즐거웠던 장소를 써요.

셋째, 위의 내용에 **느낀 점을 넣어 글쓰기**를 하는 겁니다. 이때, **비유와 묘사**를 쓰면 좋아요.

기행문 쓰는 요령을 기억하며 다음 글을 볼까요?

다낭 여행기

양희유

4시간 동안 비행기를 타고 다낭 국제 공항에 도착했다. 새처럼 훨훨 날아갈 것만 같았다. 다낭은 바다와 하늘이 맞닿은 것처럼 온통 파란색으로 가득했다. 호텔에서 망고 빙수를 먹었다. 망고 빙수가 솜사탕처럼 달고 코코넛 맛도 나서 좋았다. 그리고 모델 포즈로 사진을 찍으니, 모델이 된 것 같았다.

숙소에도 태평양같이 넓은 수영장이 있었다. 하지만 길이는 난쟁이같이 작아서 아쉬웠다. 수영장 안에는 투명판이 있어서 연예인처럼 사진을 찍을 수 있었다.

수영장에서 수영하는 것도 좋지만, 숙소 앞에 드넓게 펼쳐진 바다로 향했다. 파도가 너무 세서 내 몸이 새처럼 날아갔다. 바닷물을 삼켰는데 소금이 100배나 더 들어간 것처럼 매우 짰다. 수영한 뒤에는 초콜릿 만들기 체험을 했는데 데칼코마니 초콜릿과 무지개같이 예쁜 초콜릿도 만들었다.

다낭은 마음껏 수영할 수 있어 좋았다. 또, 시장에서 사 먹는 열대 과일의 달콤함도 좋았다. 지금도 다낭의 수영장과 푸른 바다가 자꾸만 눈앞에 출렁거린다. 귀에서는 야자수 사이로 불어오던 바람 소리가 들린다. 내년 여름에도 꼭 다시 가고 싶다.

다낭의 코발트 빛 바다와 생크림 같은 파도가 눈앞에 보이는 것 같아요. 망고 빙수, 코코넛도 꼭 맛보고 싶어졌어요. 기행문은 이렇게 뭘 보고, 먹고, 느꼈는지 쓰면 됩니다.

"

싱가포르 여행기

조재호

나는 싱가포르 여행을 가기 전부터 외국을 간다는 생각에 기대가 되었다. 공항에 가서 여권 체크하고 비행기를 타는 과정에서 오래 걸리긴 했지만, 결국은 잘 해결되어 비행기에 탑승했다. 비행기를 타고 6시간이 걸린다는 것을 보고 세계가 엄청 크다는 것을 알게 되었다.

드디어 싱가포르에 도착했을 때, 공항에서도 거리에서도 모든 설명이 전부 영어로 되어 있는 걸 보고 영어 공부를 해야겠다는 생각이 들었다. 3일 동안 싱가포르의 여기저기를 구경하다가 내가 예전에 레고로 만들었던 마리나베이 샌즈 호텔로 갔다. 실제로 보니 너무 멋있었다. 내가 알기로 대부분의 건물은 사각형인데 마리나베이 샌즈 호텔은 타워 3개 위에 큰 수영장이 있어 마치 하늘 위 구름 속에 있는 천국 같았다.

이 호텔에서 가장 좋았던 것은 역시 수영장이었다. 수영장 너머로 도시의 야경이 한눈에 보이자, 감탄이 절로 나왔다.

"이렇게 높은 밤하늘 속에서 수영하다니 너무 좋아요."

내 얘기에 엄마가 말했다.

"이런 것도 누군가가 생각해서 만들어 낸 거란다."

"이런 걸 생각해 내다니, 세상에 천재는 셀 수 없이 많은 것 같아요."

엄마와 아빠, 그리고 나는 한참 수영을 하고 수영장을 나와 호텔 근처의 쇼핑몰로 갔다. 쇼핑몰은 실내였는데도 작은 수로가 있었고 그 위에 배가 떠다녔다. 자연과 인공이 합쳐지니 매우 멋진 광경이 펼쳐져서 좋았다.

밤이 되자, 우리 가족은 가든스바이더베이의 랩소디 쇼를 봤는데 거대한 나무에

별이 반짝이는 것처럼 움직이는 걸 보고 우주의 별을 직접 보는 느낌이 들었다.

싱가포르에서 다양한 구경을 하고 한국으로 돌아오자니 아쉽기도 했지만, 내가 성장하고 돌아온 것 같다는 생각에 뿌듯했다. 앞으로 더 다양한 나라를 여행하고 싶다.

"

마리나베이 샌즈 호텔의 근사하고 멋진 모습이 눈앞에 선하네요. 이렇게 기행문으로 글을 남기면 여행의 감동이 더 오래 지속될 겁니다.

"

제천에 다녀와서

안시언

지난 토요일이 엄마와 오빠 생일이어서 가족 모두 함께 제천에 갔다. 제천은 단풍잎과 은행잎이 아주 예쁘다고 해서 기대가 되었다. 우리 가족은 단풍 구경 대신 먼저 리조트에서 물놀이를 하기로 했다. 엄마와 사진을 찍고 숲속에 있는 작은 온천과 수영장에 갔다. 그곳은 풀 향기가 향기롭게 나서 코가 상쾌했다. 먼저 숲속에 있는 야외 수영장으로 갔는데, 산 전체가 빨갛게 물든 단풍잎처럼 아주 예뻤다.

수영장에서 가족과 튜브를 타고 작은 파도 나오는 길에서 논 뒤, 온천탕에 갔다. 그곳에는 마사지 기능이 있었는데 나한테는 아팠지만, 조금씩 적응이 되었다. 발 마사지 기능도 있었는데 발 마사지를 한 후에 무좀에 걸린 듯했지만, 아니라서 다행이었다.

엄마와 목욕탕에 가서 즐긴 다음 수영장에서 나가 방으로 갔다. 일요일 아침에는 조식 뷔페를 먹었다. 내가 1위로 좋아하는 고구마와 아무리 먹어도 질리지 않는 파인애플, 따끈따끈한 미역국을 먹었는데, 아주 맛있었다.

단풍 구경을 하러 갔는데 다행히 차가 막히지 않았다. 손가락처럼 생긴 붉고 예쁜 단풍잎이 흔들리면 아이들이 손을 흔드는 것처럼 보였다. 엄마는 단풍 사진을 여기저기에서 찍었고, 나는 오빠와 웃음을 터뜨리며 놀았다. 내년 가을에도 이렇게 놀았으면 좋겠다.

"

사계절이 뚜렷한 우리나라는 계절마다 아름다운 색깔로 장관을 이루죠. 기행문은 계절마다 느끼는 감동을 마음속에 간직하게 도와줍니다.

1. 여행지 정하기

2. 흥미롭고 즐거웠던 장소 적기

1

2

3

4

5

3. 비유와 묘사, 느낀 점 넣어 글 쓰기

독서 감상문 쓰기

책을 읽고 느낀 점을 쓰는 것이 독서 감상문입니다. 독서 감상문은 일반적으로 처음 – 가운데 – 끝으로 내용을 나누어 **처음**에는 책을 처음 보고 들었던 생각, 표지나 제목을 보고 느낀 점을, **가운데**에는 줄거리와 자신의 느낌을, **끝**에는 앞의 내용을 정리해서 쓰면 됩니다.

독서 감상문은 이렇게도 충분히 멋지게 쓸 수 있지만, 좀 더 색다른 방법도 있습니다. 나만의 특별한 독서 감상문을 쓰려면 어떻게 해야 할까요? 먼저 질문을 던져 보세요. '나라면 이렇게 했을 텐데…', '주인공은 왜 그런 행동을 한 걸까?' 질문에 대한 자기 생각을 솔직하게 쓰세요. 책을 읽고 난 뒤, '나는 어떤 사람이 되면 좋을까?' 이 질문에 대한 자신의 결심이나 느낌을 적으면 된답니다. 독서 감상문을 유형별로 살펴보며 자신감을 가져 볼까요?

1. 줄거리 따라가기

> ## 귀신도 반한 숲속 라면 가게
>
> 글 이서영, 크레용하우스

강주원

이 책 '귀신도 반한 숲속 라면 가게'는 제목부터 신기했다. 귀신도 반했다는 라면 맛은 뭘까 생각하며 책을 읽었다.

복술 씨가 하는 숲속 라면 가게에 갔던 도둑이 라면을 먹고 산장을 찾으러 나간다. 그러나 가방을 낭떠러지에 떨어뜨리고 길을 잃자, 다시 라면 가게로 돌아오게 된다.

며칠 뒤 초호라는 아이가 혼자 숲속 라면 가게에 온다. 초호는 엄마, 아빠가 버린 아이였다. 엄마, 아빠가 버렸다고 해서 슬펐다. 나는 초호의 엄마, 아빠한테 아이를 버릴 거면 왜 낳았느냐고 묻고 싶다.

엄마를 찾을 때까지 같이 살기로 한 초호는 일식이 일어난 밤에 소원을 빈다. 그러던 어느 날, 초호는 작은 강아지가 쓰러져 있는 걸 본다. 나는 쓰러져 있는 강아지가 불쌍했다. 그래도 죽은 줄 알고 확인했는데 살아 있어서 다행이라고 생각했다.

복술 씨가 엄마를 잃어버린 초호랑 같이 살자고 할 때, 엄마가 아픈 나를 위해 간호를 해 주셨을 때처럼 감동했다. 그리고 초호가 자기 얘기를 하지 않고 뛰쳐나갈 때 나라면 그냥 복술 씨에게 있어도 되냐고 물어봤을 것 같았다. 초호가 말하지 않아서 답답했다. 마치 먹은 음식이 소화가 안 되고 막혀 있는 듯한 느낌이 들었다. 초호랑 강아지 티티랑 복술 씨가 가족처럼 지내서 정말 좋았다.

식빵에 잼을 바르듯, '줄거리'라는 빵에 '느낌'이라는 잼을 발라 맛있게 냠냠! 끝! 여기에 하나 더! 책의 어떤 부분이 재미있었는지, 왜 그렇게 생각하는지 이것만 잘 써도 좋습니다.

2. 주인공 따라가기

잘못 뽑은 반장
글 이은재, 주니어김영사

박세은

'잘못 뽑은 반장', 이 책은 선생님의 추천으로 읽게 되었다.

로운이는 자신을 싫어하는 아이들 앞에서 이번 학기에 꼭 반장이 되겠다고 선언한다. 그래서 표를 얻기 위해 마음에도 없는 거짓말을 하며 반장 선거에 나간다. 나는 로운이가 양심적으로 행동하지 않아 나쁜 애라고 생각했다.

하지만 로운이가 예상보다 많은 표를 받아 반장이 되었다. 이 부분을 읽을 때는 로운이의 반이 엉망이 될 것 같아 불안했다. 나는 언젠가 선거에 나갈 때 거짓말하지 않고 꼭 실천할 수 있는 내용을 공약으로 정해서 가족처럼 든든한 사람이 될 거라 다짐했다. 그리고 로운이가 어려운 상황에 처한 아이들을 구하기 위해 용감하게 나선 것처럼 나도 학교에서 친구들이 어려운 상황에 처해 있을 때 든든하게 옆을 지켜 주어야겠다.

이 책은 많은 것을 느끼게 해 주어 좋았다. 친구들과의 관계, 진실한 말의 중요성 등 많은 깨달음을 안겨 주었다. 다른 학교의 친구들도 이 책을 읽고, 좋은 친구들이 되었으면 좋겠다. 나는 앞으로 거짓말을 하지 않는 사람이 되도록 노력할 것이다.

"

이 글은 주인공 로운이의 마음을 따라가며 썼습니다. 양심적이지 않은 행동을 한 로운이를 나쁜 아이라고 생각하기도 하고, 거짓말을 하며 반장 선거에 나간 로운이를 보며 불안했다고 솔직하게 말했지요.

3. 내용과 느낌 번갈아 쓰기

"

마법의 설탕 두 조각

글 미하엘 엔데, 소년한길

김보민

나는 '마법의 설탕 두 조각'을 읽을 때 블랙홀에 빨려 가듯이 엄청난 몰입감을 느꼈다.

렝켄은 부모님이 원하는 걸 안 들어준다고 생각했다. 나도 그런 생각을 한 적이 많다. 왜 부모는 때로 아이들이 원하는 것은 안 해 줄까? 나는 렝켄이 요정을 찾으러 간다고 했을 때 어린아이처럼 귀여워 보였다. 하지만 정말로 요정을 찾은 렝켄이 굉장히 존경스러웠다. 왜냐하면 포기하지 않고 열심히 찾는 것을 나 또한 본받고 싶기 때문이다. 조금 실망한 것은 내가 생각하는 요정과 책 속 요정이 매우 달랐다는 점이다. 그래서 역시 사람은 겉모습만 보면 안 된다는 것을 다시 한번 느꼈다.

렝켄이 요정에게 고민을 말하고 해결책으로 받아온 각설탕 두 조각이 너무나도 부러웠다. 각설탕은 예쁜 상자 모양으로 모든 걸 다 이루어 줄 것같이 생겼다. 렝켄은 엄마, 아빠에게 각설탕을 먹였다. 나는 부모님께 먹일 용기가 없을 것 같다.

그 후 렝켄의 부모님은 말을 듣지 않으면 키가 줄어들었다. 그리고 나중엔 개미처럼 작아졌다. 그래서 렝켄은 다시 엉뚱한 요정을 찾아갔다. 요정은 렝켄이 각설탕을 먹으면 된다고 했다. 나도 내가 잘못한 일의 책임을 진 적이 있다. 막상 책임을 지려고 하면 덜덜 떨린다. 하지만, 렝켄은 결국 모든 일의 책임을 지고 각설탕을 먹었다. 또한, 렝켄은 부모님께 말하고 문제를 해결했다. 그 후 렝켄의 가족은 평화로워졌다. 역시 부모님은 자신보다 자녀를 아끼고 사랑하는 것 같다.

나도 예전에 매우 아팠던 적이 있다. 그때, 엄마가 밤새 안 주무시고 나를 챙겨 주셨다. 엄마가 그렇게 하지 않았다면 나는 매우 아팠을 거다. 그 사랑이 나를 건강하게 만든 것 같다. 이제부터라도 엄마의 말을 잘 듣고 말대꾸하지 않는 착한 딸이 되어야겠다.

이 글은 책의 내용을 쓰고 내 느낌을 쓰고, 다시 책의 내용을 쓰고 내 느낌을 쓰면서 이어집니다. 그러다 보니 책의 내용은 내용대로 잘 흘러가고, 느낌도 생생하게 전해지지요. 빵 위에 크림 바르고, 그 위에 다시 빵, 그 위에 크림 바르는 케이크 같지 않나요?

4. 내용 따로 느낌 따로 쓰기

아Q정전

글 루쉰. 미래엔아이세움

정지유

나는 선생님의 추천으로 '아Q정전'을 읽었다. 아Q의 Q는 Question(질문)의 약자이며 정체성이 분명하지 않음을 의미한다.

아Q는 사람인데 그의 생활 방식은 아주 형편없다. 날품팔이꾼인 그는 낭패를 당하면 다른 사람에게 화풀이를 하거나 모든 일에서 '정신적 승리법'으로 자신이 이겼다고 생각하곤 한다. 다른 사람들과 혁명을 일으켜 자신을 평소에 괴롭히던 사람들을 복수하고 약탈하려고 꿈꿨지만 시작하기도 전에 혁명이 일어나고 만다. 그 일로 정부에 잡혀가게 되고 결국 하지도 않은 일로 인해 사형 당한다.

내가 이 책을 읽고 아Q에게는 생명을 소중히 여기지 않는 마음이 있다는 사실에 안타까웠다. 게다가 사람들과 힘을 합쳐 일을 하기보다는 '정신적 승리법'이라는 잘못된 생활 방식과 그 힘을 이용해 올바르지 못한 가치관과 비열함으로 자신을 배부르게 하려는 그릇된 마음 또한 안타까웠다. 결국 그의 무지함이 자신을 사망에 이르게 했으니 말이다.

아Q는 요즘 언어로 '먹튀'를 하려는 인물이다. 이기주의의 끝판왕이라 할 수 있다. 인간이 비열하면 안 되는 이유와 무지의 대가가 어떤 것인지 확실하게 알게 해 준 '아Q정전'을 깊이 되새기고 싶다.

"

이렇게 내용 전체를 먼저 소개한 다음 자신의 느낌을 진솔하고 솔직하게 쓰면서 마무리할 수도 있습니다.

5. 느낀 점만 쓰기

"

해리포터와 불의 잔
글 조앤 K.롤링, 문학수첩

이후석

내가 이번에 소개할 책은 <해리포터> 시리즈의 네 번째 이야기인 '해리포터와 불의 잔'이다. 마법사들의 세계에서 선택 받은 아이인 해리포터의 이야기를 다룬 이 책은 엄청난 인기를 끈 소설이다. 해리포터 시리즈 중에서도 '불의 잔'을 고른 이유는 간단하다. 한마디로 재미있기 때문이다. 물론 재미있고 감명 깊은 책들은 많고, 개개인의 성격과 취향에 따라 달라질 수 있다. 하지만 내게 이 책은 한순간의 행복을 담은 책이다.

학교가 끝나자마자 친구들과 놀고, 지쳐서 집에 돌아오면 이 책을 읽었다. 그저 아무 생각 없이, 순수하게 즐기며 읽을 때 말로는 표현할 수 없는 행복함을 안겨 주었다. 여러 번 즐겨 읽었던 다른 책들과는 달리 이 책은 딱 한 번만 읽은 이유도 이것 때문이다. 딱 그 순간, 그 기분을 잊어버리고 싶지 않기에 그 책을 두 번 펼쳐 보지 않았다.

책이란 참 신기하다. 어떤 내용이든, 얼마나 재미있든지 특정한 한순간, 그때의 감정에 따라 책의 감동도 달라진다. '불의 잔'을 읽었던 그때, 열린 창 사이로 들어와 내 머리를 쓰다듬던 햇빛, 잔잔하게 울려 퍼지던 그 음악이 함께 전해진다. 이젠 다시 돌아갈 수 없는 그때의 감동이, 이 책을 떠올릴 때마다 즐거움으로 달려온다. 그 무엇과도 바꿀 수 없는 과거의 소중한 기억 속 하나로 말이다.

이 글은 오직 느낀 점만 가득한 유형이라고 할 수 있죠. 느낀 점만으로도 풍성한 독서 감상문이 되었습니다.

6. 3행시로 마무리

로빈슨 크루소

고가빈

대니얼 디포의 '로빈슨 크루소'는 스코틀랜드 선원인 알렉산더 셀커크가 남태평양의 판 페르난데스 섬에 홀로 표류하여 4년 반 동안 살았던 실화에 상상력을 더한 이야기이다. 이 책은 무인도에 대한 흥미로운 주제에, 야만인이라는 잔혹함을 더해 더욱 흥미롭다.

이 책은 주인공인 로빈슨 크루소가 표류하여 절망하는 것으로부터 시작한다. 하지만 로빈슨 크루소는 금방 정신을 차리고 살림을 꾸리는데, 사는 데 많은 게 필요하지 않다는 것을 깨닫는다. 그 뒤로 로빈슨 크루소는 매일 성경을 읽고 요리하며 안정적인 생활을 한다. 그러던 어느 날 식인종들을 발견한 뒤로, 겁에 질려 무기를 들고 다닌다. 그러다 우연히 식인종들의 포로를 구해준다. 로빈슨 크루소는 그에게 '프라이데이'라는 이름을 지어 주고 같이 살지만, 많은 역경을 이겨내며 탈출에 성공한다.

난 이 책을 읽으며 새삼 로빈슨 크루소가 대단하다는 생각이 들었다. 만약 내가 표류당했다면 로빈슨 크루소처럼 35년이란 긴 시간을 무인도에서 보낼 수 없었을 것 같다. 설령 35년을 버틴다고 해도 제정신이 아닐 것 같았다. 또한, 제정신이라고 해도 프라이데이 같은 식인종을 받아들일 용기도 없을 것 같다. 나는 로빈슨 크루소를 보며 내 삶을 되돌아볼 수 있어서 좋았다. 끝으로 내 마음을 '무인도' 3행시로 대신하겠다.

　　무 : 무료한 삶에 지칠 때

　　인 : 인정받고 싶을 때

　　도 : 도움이 필요할 때, 네 자신을 너무 채찍질하지 마. 내가 도와줄게.

　　"

　　이 글은 앞에 책의 배경을 쓴 뒤, 이어서 책의 내용을 썼습니다. 그 후, 주인공에게 공감하며 '나라면 어땠을까?' 하는 느낌을 잘 적었죠. 자신의 마음을 3행시로 마무리한 것도 아주 개성 있어 좋습니다.

　　지금까지 여섯 가지의 글을 만나 봤는데 내가 쓰고 싶은 독서 감상문은 어떤 유형인가요? 줄거리 따라가기, 주인공 따라가기, 내용과 느낌 번갈아 쓰기, 내용 따로 느낌 따로 쓰기, 느낀 점만 쓰기, 3행시로 마무리하기 중에서 생각해 보세요.

　　처음-가운데-끝 구성으로 한 편, 여섯 가지 유형 중 골라서 한 편을 써 보고 나면, 독서 감상문 쓰기도 뚝딱! 어렵게 않게 쓸 수 있습니다.

처음 – 가운데 – 끝 구성으로 쓰기

처음
책을 보고 들었던
생각, 표지나 제목을
보고 느낀 점

가운데
줄거리와 느낌

끝
앞의 내용을 정리

제목: _____

6개 유형 중에서 골라 쓰기   유형: _____

제목: _____

09 편지 쓰기

사물, 음식처럼 사람이 아닌 대상이나 위인에게 편지를 써 보면 어떨까요? 쓰다 보면 창의적인 상상을 할 수 있어서 재미있는 편지글이 완성됩니다.

> ## 영원히 돌아오지 않을 작년에게
>
> 너를 처음 만났을 때 내가 하고 싶은 것과 원하는 것을 가질 수 있길 바랐어. 하지만 내 뜻대로 이루어지지 않았지. 공부도 내 맘대로 되지 않았고, 나를 위한다는 것은 알지만 어른들의 쓴소리를 듣는 게 정말 힘들었거든. 하지만 이런 과정을 겪으면서 얻는 것도 아주 많았던 것 같아.
>
> 그래도 네 덕분에 행복했던 일도 있었어. 네가 '리드인'에서 더 좋은 책들을 내게 주어 지식이 성큼 자란 거 같아. 시와 이야기도 많이 읽고 쓸 수 있어 행복했어.
>
> 그리고 아주 친한 친구를 많이 사귀게 해 줘서 고마워. 친구들과의 추억을 생각하면 네가 몹시 그리울 것 같아. 그래도 이렇게 새해가 오고 있으니 다시 새로운 추억을 만들어야겠지?
>
> 속상하기도 하고 아쉽기도 하고, 추억이 많았던 작년아! 정말 즐거웠고, 좋았어. 이렇게 네게 편지를 쓰니까 다시 새출발을 할 수 있을 것 같아! 그럼, 안녕!
>
> 박근완

우리는 파티나 송년회 등을 통해 한 해를 기억하며 떠나 보내곤 하죠. 그런데 한 해를 가장 잘 기억하며 마무리하는 방법은 무엇보다 글로 남기는 것이라 생각해요. 1년 동안 좋았던 일, 아쉬웠던 일, 새해 첫날 바라던 소망을 이루지 못했던 일 등을 차근차근 적어 보는 겁니다. 편지 형식으로 쓰니 더 진솔한 이야기가 '툭' 하고 터져 나올 테지요. 이렇게 글을 통해 묵은 감정까지 탈탈 털어놓으면 기쁜 마음으로 새해를 두 팔 벌려 맞이할 수 있을 겁니다.

예수님께

예수님, 벌써 성탄 전야네요. 모두가 내일을 생각하며 들떠 있고, 가족 혹은 친구들과 같이 보낼 생각에 설레는 것 같아요. 그런데 성탄절은 우리끼리의 축하가 아닌 예수님께 전하는 기쁨이잖아요. 저는 여태껏 그저 친구들이랑 놀고, 선물도 많이 받으며 크리스마스를 지냈는데, 다시 생각해 보니까 뭔가 빠졌다는 생각이 들더라고요. 그래서 저는 이번에 꼭, 예수님께 저의 기도와 편지로 마음을 전달할 거예요.

정말 궁금한 것이 있는데, 예수님께서 진짜 성탄절에 태어나신 건가요? 예수님은 어떠한 모습을 하고 계신가요? 저는 예수님에 대해 아는 것이 별로 없고, 아직 배워야 할 것이 많지만, 예수님은 언제나 제 곁에서 가르치시는 것 같아요. 왜냐하면 예수님은 마치 자연 같거든요.

햇빛은 언제나 저희를 바라봐 주고, 물은 피로와 걸림돌을 훔치고 재빨리 달아나죠. 공기는 마치 지식 덩어리 같아요. 언제나 우리에게 붙어, 한 장면, 한순간마다 지식을 주지요. 나무는 영원히 마음속에 쌓이는 좋은 책이 되고요. 이렇듯 예수님은 이 세상에서 유일하게 아낌없이 주는 분 같아요. 저는 비록 겉으로 표현하지는 않지만, 예수님을 생각하고 있어요.

그럼, 언제나 성장하는 저를 지켜봐 주시길 바라며 예수님, 메리 크리스마스!

김연수 드림

이 글은 크리스마스이브인 12월 24일에 예수님께 쓴 편지입니다. 교회를 다니지 않는 친구가 썼는데, 이렇게 예수님을 생각하고 있다니 예수님이 이 편지를 받고 좋아하셨을 거라 믿어요. 이렇게 편지를 부칠 수 없는 대상에게 쓰는 것도 재미있어요. 존경하는 역사적 인물 또는 돌아가신 할아버지나 할머니께 편지를 써 보는 것도 좋습니다. 편지는 둘만의 친근한 대화 형식의 글이기에, 가슴에 담아 두었던 이야기들이 편지지 위로 쏟아져 나올 거예요.

소파에게

안녕 소파야! 나는 희유야. 넌 참 힘들겠다. 사람들의 모든 것을 감당해야 하잖아.

넌 매일 사람들의 등과 엉덩이를 보겠네. 정말 힘들겠다. 그리고, 사람들이 독가스 같은 방귀를 뀌어도 참아야 하잖아. 힘내!

하지만, 좋은 점도 있을 거야 그치?

사람들이 너를 좋아해 줄 때도 있잖아. 그때는 행복하지? 난 네가 있어서 행복해. 네가 없었다면 어떻게 되었을까? 나무가 없으면 숨을 못 쉬는 것처럼 난 살 수 없을 것 같아. 외로운 돌같이 내 엉덩이도 아프고 힘들었을 것 같아. 그래서 네가 있는 게 난 너무 좋아. 영원히 같이 살자~

참, 네 이름으로 2행시를 지어 봤어.

소 : 소파야 미안해.

파 : 파인애플을 흘려서 더러워졌잖아. 다신 흘리지 않을게~

어때? 그럼 또 만나. 안녕.

양희유

매일 앉아서 TV 보고, 스마트폰도 보고, 간식도 먹고, 밥도 먹는 소파가 없다면 우리 엉덩이는 매우 힘들 테지요. 이런 소파에게 편지를 써 보는 건 어때요? '저는 힘들어서 못 써요.' 라든가 '뭘 쓸지 생각이 안 나요.' 하는 친구가 있다면 이렇게 해 보세요.

먼저, 소파에 앉을 때의 느낌을 적은 뒤, 소파의 입장에서 생각해 보는 거죠. 그러면 자연스럽게 소파가 힘들어하는 부분이 생각날 거예요. 그걸 비유를 넣어 재미있게 쓰면 돼요. 그리고 마지막으로 가장 중요한 건 친구처럼, 엄마처럼, 공기처럼 고마운 소파에게 진실한 마음을 담아 쓰면 됩니다!

스마트폰에게 할 말이 있다면 스마트폰에게 편지를 쓰세요. 텔레비전이나 좋아하는 인형, 게임 캐릭터 등 가만히 생각해 보면 편지를 쓸 대상은 아주 많답니다.

놀이터에게

안녕, 놀이터야!

우린 친구니까 반말할게. 넌 내게 공기처럼 꼭 필요한 존재야. 네가 없었다면 난 친구들과 하하 호호 재미있게 뛰놀지 못했을 거야. 난 어렸을 때 거의 맨날 친구들과 놀이터에서 놀았는데 이제는 학원 수업이 많아져서 평일에는 못 놀아 너무 아쉬워. 하지만 난 주말마다 친구들과 놀이터에서 놀고 있어.

놀이터에서 내가 가장 좋아하는 놀이기구는 짚라인이야. 짚라인을 타면 정말 잔디밭에서 누워 있는데 바람이 살랑살랑 부는 것처럼 너무 낭만적이고 속이 뻥 뚫리는 것 같아.

내가 슬펐던 때가 생각나. 어느 날 놀이터가 공사 때문에 이용할 수 없다는 말을 듣고 세상이 무너진 듯 얼마나 절망했는지 몰라.

"아기도 아니면서 지금까지 놀이터에서 놀아?"

이렇게 떠드는 사람들이 종종 있는데, 난 그렇게 생각하지 않아. 노는 것에 나이가 무슨 상관이야. 그러니 놀이터야, 우리 앞으로도 계속 친구 하며 잘 지내자!

이번 주말에도 꼭 만나. 안녕!

엄지수

정말 놀이터를 좋아하는 친구라는 게 느껴지죠? 매일 찾던 공기처럼 소중한 놀이터를 이제는 주말에만 찾는다니 많이 안타깝네요. 그래도 속이 뻥 뚫리는 짚라인을 탄다니 정말 부럽습니다.

요즘은 놀이터에서 노는 친구들을 만나기가 쉽지 않아요. 놀이터 입장에서 생각하면 매일 혼자 있는 게 얼마나 쓸쓸할까요? 친구들의 환한 얼굴, 까르르르 깔깔대는 행복한 웃음 소리, 자신의 손을 잡던 따스한 온기를 더는 보고, 듣고, 느낄 수 없으니까요. 이런 마음을 담아 놀이터에게 편지를 써 볼까요?

또는 내가 가고 싶은 놀이공원이나 수영장 등 다른 대상에게 써 보아도 좋고, 미끄럼틀, 그네 등의 놀이기구로 좁혀 봐도 좋겠지요.

제목

에게

내용

보낸 사람

제목

에게

내용

보낸 사람

제시어로 글쓰기

전혀 어울리지 않는 제시어로 이야기를 만들 수 있습니다. 엉뚱한 억지 이야기가 될테니 더 재미있겠지요? 이야기는 물 흘러가듯 쓰면 돼요. 그럼, 시작!

> **생물학자   이빨   거위   집게   구린내   횟집**
>
> **생물학자**가 **이빨**이 사람처럼 생긴 특별한 **거위**를 연구하는데 거위가 35년 동안 안 씻어서 심한 **구린내**가 났다.
>
> 또, 생물학자가 게를 연구하다, **집게**에 코를 찔려 약을 바르고 이번에는 광어를 연구했다. 그러다 배가 고파 그 광어를 **횟집**으로 가지고 가 손질해서 먹었다. 행복하게 퇴근하고 집에 가서 잠을 잤다. 하지만, 다음날 아침 생물학자는 연구용 광어를 먹은 죄로 직장에서 잘렸다.
>
> _이정현

오빠가 **게임**을 <u>시작</u>하자 멈추지 않고 계속했다. 그것을 본 아빠가 말했다.

"아빠랑 **자전거** 타고 전망대 갈까?"

오빠가 말했다.

"싫어, 이 스테이지 못 깨면 **위험**하단 말이야!"

그것을 본 **엄마**가 말했다.

"그렇게 게임하다 **기력** 다 뺏긴다. 얼른 그만해!"

오빠는 하는 수 없이 게임을 그만두며 말했다.

"알았어, 갈게."

그리고 우리 가족은 자전거를 타고 전망대에 갔다.

_안시언

짜장면 화전 발냄새 기질 지진 소지품

오늘 급식은 **짜장면**이 나왔다. 짜장면만 보면 **지진**이 날 만큼 화내는 **기질**을 가진 친구가 있다.

그 이유는 이렇다. 한 달 전 친구가 귀한 **소지품**을 학교에 가져와서 선생님께 혼났다. 그리고 그날도 급식은 짜장면과 **화전**이 나왔다. 그런데 급식을 받은 뒤 먹으려고 자리에 앉다가 그만 화전을 떨어뜨렸다. 이번에는 화전을 주우려고 몸을 낮게 숙이다 실수로 짜장면을 떨어뜨렸고, 미끄러지면서 실내화가 벗겨졌다. 그래서 짜장면을 밟았더니 **발냄새**가 심했다. 그날부터 그 친구는 짜장면을 싫어하게 된 것이다.

_이유건

이번에는 같은 단어로 다른 이야기를 쓴 두 편의 글을 만나 볼까요?

현수막   소화기   치과   선장   미아   전기

전기를 다루는 피카츄가 선장이랑 친구가 됐다. 선장은 피카츄한테 가족 잃은 미아를 소개해 주고 배 구경을 시켜 주었다. 피카츄는 아주 잠깐 자기 방에서 커튼을 내리고 낮잠을 잤다.

선장은 다음날 치과에 갔다. 왜냐하면 밤에 초코 케이크를 5개나 먹어서 이가 욱신거렸기 때문이다. 치과에서 돌아오니 선장의 배에 불이 나고 있었다. 선장과 미아와 피카츄는 소화기를 들고 밖으로 나와 불을 껐다.

세 사람은 몰랐지만, 배 뒤편에는 미아 부모님이 미아를 찾는 현수막이 걸려 있었다.

－권지우

- -

'김김'이라는 아이가 치과가 그려져 있는 현수막을 봤다. 김김은 열 살이라 치과에 갈 돈이 없었다. 그래서 그는 집에 있는 소화기를 가져다 팔았다.

치과에 갈 돈이 생긴 김김은 이빨 치료를 받고 치과에서 만난 선장의 제자가 됐다. 하지만 김김은 배를 잘못 타서 선장과 떨어져 미아가 됐다.

그런데 어디서 날아온 50만 볼트의 전기가 김김을 웜홀로 데려가 선장의 배에 착륙시켰다. 그 후 선장과 만난 김김은 선장과 함께 고등어 낚시를 하며 살았다.

－김태양

같은 제시어로 다른 이야기를 썼는데 두 편 다 재미있습니다. 자세히 보면 두 편 모두 판타지 요소가 있어서 그런지 묘하게 닮은 느낌도 있어요. 이렇게 말도 안 되게 어울리지 않는 단어들로 어떤 이야기를 만들 수 있을까요? 잘 이어지지 않고 어색해도 좋으니 한번 써 보기로 해요.

현수막   소화기   치과   선장   미아   전기

같은 단어로 다른 이야기도 만들어 보세요.

짧은 이야기를 쓰는 것도 재미있지만, 동화를 써 볼 수도 있습니다.

구름   악기   종달새   멘토스   콘서트   기린

옛날 옛날에 연두라는 소녀가 살았어요. 그 소녀는 **멘토스**를 좋아해서 항상 들고 다녔어요. 그러던 어느 날 엄마가 심부름으로 오이를 사 오라고 하셨어요. 심부름하러 길을 가고 있는데 앞에 기린이 울고 있었어요. 연두는 왜 그러냐고 **기린**에게 물어봤어요.

"**콘서트** 티켓을 잃어버렸어."

"참 안됐구나. 티켓을 어디서 구할 수 있는데?"

연두가 물었어요.

"난 친구한테 받았어. 근데 진짜로 얻으려면 아주 특별한 꽃을 찾아야 해."

기린이 울면서 대답했어요. 그러자 연두는 자기가 찾아보겠다고 했어요. 그 말을 들은 기린은 너무 신이나 **구름**처럼 날아갈 것 같았어요. 그런데 기린은 가기 전에 마법의 멘토스를 가져가라고 했어요. 그걸 챙긴 연두는 엄마의 심부름도 까맣게 잊은 채 길을 떠났어요.

그렇게 길을 가는데 앞에 **종달새**가 독수리에게 쫓기고 있었어요. 그래서 연두는 어쩔 줄 몰라 하며 마법의 멘토스를 먹었어요. 그러자 연두의 몸이 점점 커졌어요. 연두는 아주 쉽게 종달새를 구해줄 수 있었어요. 연두는 다시 원래 몸으로 돌아왔고, 종달새는 고맙다며 특별한 꽃을 주었어요. 그 꽃을 받은 연두는 신이 나 기린에게 주었어요. 기린은 자기가 아끼는 **악기**를 들고 콘서트장으로 달려갔어요. 그것을 본 연두는 기뻐하며 활짝 웃었답니다.

_이수현

짧은 글로 썼을 때도 재미있었는데, 동화로 쓰니까 더 재미있죠? 엄마 심부름을 가는 소녀 연두가 만난 울고 있는 기린, 그리고 잃어버린 콘서트 티켓을 찾아 떠나는 마법 여행. 전혀 어울릴 것 같지 않는 단어들로 한 편의 판타지 동화가 완성되었습니다. 이렇듯 엉뚱한 이야기는 창의력의 꽃을 피워 즐거움의 열매를 얻게 해 줍니다. 재미난 이야기를 만들어 볼까요?

구름　악기　종달새　멘토스　콘서트　기린

조류   장수풍뎅이   분식   널뛰기   탄자니아   도형

나는 **탄자니아**에 사는 윌리엄이다. 내 나이는 10살이고 절친은 스콜라다. 행복했던 나에게 어느 날 슬픈 소식이 들려왔다. 탄자니아에 폐수가 흘러 들어와 물이 99% 오염되었다고 했다. 그 소식이 전해지자, 사람들은 허겁지겁 나라를 떠났다.

"윌리엄, 우리도 곧 있으면 여길 떠날 거야. 우리는 한국으로 갈 거야."

엄마, 아빠의 말에 난 충격을 받았다. 그때였다. 내 머릿속에 딱 떠오른 건 '스콜라'였다. 나는 스콜라 집으로 달려갔다.

"스콜라, 뉴스 봤지? 너희는 어디로 이사가?"

"우린 러시아 쪽으로 가. 너는?"

그 말을 듣자, 다리에 힘이 빠졌다. 그때 엄마가 빨리 출발해야 한다며 전화했다. 나는 스콜라에게 자주 연락하자고 말하며 엉엉 울었다.

비행기를 타고 17시간 정도 지난 뒤, 한국에 도착했다. 비행기에서 내리자마자 사람들이 **널뛰기**를 하고 있었다. 앞에 간판을 보니 '널뛰기 체험'이라고 쓰여 있었다. 꽤 재밌어 보였지만 우린 숙소로 가기에도 바빴다.

숙소는 꽤 아늑하고 좋았다. 우리가 점심으로 뭘 먹을까 고민하고 있을 때 엄마가 한국은 **분식**이 유명하다고 해서 분식을 시켰다. 정말 맛이 끝내줬다. 그중 떡볶이가 가장 맛있었는데 **도형**인 직사각형의 모양을 한 떡에 빨갛게 양념이 물들어 있는 듯했다. 그다음엔 박물관에 갔는데, **조류**도 있었고 곤충도 있었다. 나는 특히 **장수풍뎅이**가 정말 좋았다. 밤이 되자, 나는 자기 전에 엄마, 아빠에게 말했다.

"엄마 아빠, 한국은 좋은 나라인 것 같아요. 스콜라랑 전화를 자주 하기로 했으니 걱정하지 마세요!!"

그렇게 한국에서 첫 밤이 지나가고 있었다.

-엄지수

어때요? 이번의 글은 난이도가 높은 단어로 이루어져 더 기발한 이야기가 탄생했습니다. 글쓴이가 대단해 보이나요? 생각나는 어떤 내용이든 쓰면 됩니다. 자, 그럼 한번 써 볼까요?

조류   장수풍뎅이   분식   널뛰기   탄자니아   도형 쓸 공간이 부족하면 다른 공책에 옮겨 써도 좋습니다. 그 멋진 동화를 부모님께, 친구들에게 꼭 들려주세요.

자, 이번에는 단어를 골라서 써 보는 겁니다. 교과서나 문제집 속에 있는 단어 중에서 2, 3글자의 명사를 6개 고른 다음, 그것으로 이야기를 만들면 돼요. 자, 시작해 볼까요?

제시어: _____

11 동화 뒷이야기 쓰기

작가가 된 것처럼 책의 결말에 이어 뒷이야기를 써 볼 수 있습니다. 창의력을 쑥쑥 키워 주는 아주 재미있는 글쓰기지요. 〈신데렐라〉는 '신데렐라는 왕자와 결혼하여 행복하게 잘 살았다.'로 끝나지요. 그런데 그 뒤의 이야기를 상상해 보면 어떨까요? 아래의 뒷이야기를 읽어 보고 한번 도전해 봐요.

빨간모자

> **줄거리**
>
> 빨간모자는 엄마 심부름으로 할머니께 음식을 갖다 드리러 갔어요. 그런데 빨간모자보다 먼저 도착한 늑대가 할머니를 꿀꺽 삼키고 할머니처럼 누워 있다가, 빨간모자마저 한입에 삼켜 버려요. 다행히 지혜로운 사냥꾼 아저씨에게 할머니와 함께 구출되죠.

❝

빨간모자가 여러 일을 겪는 동안 몸이 약했던 엄마는 돌아가셨다. 이어 할머니도 나이가 많아 돌아가시자 빨간모자는 고아원에 가게 되었다. 빨간모자는 그곳에서 착한 사람들에게 입양되었다.

빨간모자는 새 부모님의 집에 가서 샤워한 다음 옷을 갈아입고 잠자리에 들었다. 낯선 집이라 그런지 잠이 오지 않아 밖으로 나갔다. 한참 산책하는데 토끼가 보였다. 빨간모자는 그 토끼를 따라갔지만, 토끼가 하도 빨라 놓치고 말았다. 길을 잃어버린 빨간모자는 주위를 둘러보았다. 저 멀리 불빛이 보였다.

그것은 마녀의 집이었다. 빨간모자는 그곳으로 갔다. 마녀의 집에는 거미 눈, 개구리 다리, 빨간 물약, 파란 물약 등이 유리병에 담겨 있었다. 마녀가 빨간모자에게 말했다.

"꼬마야, 혹시 원하는 소원이 있니?"

빨간모자가 대답했다.

"저희 엄마를 살려 주세요!"

곰곰이 생각하던 마녀는 파란 물약을 꺼내 빨간모자에게 주면서 말했다.

"이 물약을 엄마 무덤에 뿌리면 엄마가 살 수 있단다."

빨간모자는 너무 기쁜 나머지 인사도 하지 않고 마녀의 집에서 나와 엄마에게 달려갔다. 그러고는 파란 물약을 엄마에게 뿌렸다. 잠시 후 엄마가 살아났고, 둘은 행복하게 살았다.

_이정현

이야기에 새로운 등장인물을 추가해서 흥미로운 사건을 만들었습니다. '빨간모자'의 뒷이야기를 만들어 볼까요?

흥부와 놀부

줄거리

　부모님의 재산을 가로챈 심술궂고 못된 놀부가 동생 흥부를 내쫓았어요. 부자인 놀부와는 달리 흥부는 자녀도 많고 가난하게 살았지만, 마음은 착했어요. 제비의 다친 다리를 고쳐준 착한 흥부는 복을 받아 부자가 됐어요. 하지만 욕심쟁이 놀부는 벌을 받아 가난뱅이가 되었답니다.

❝

　흥부와 놀부가 평화롭게 살다가 죽은 뒤 평소 나쁜 심보를 가진 놀부의 아들이 다시 흥부의 아이들을 내쫓았다. 결국 갈 곳이 없어진 흥부의 아이들은 우선 임시로 작은 오두막을 짓고 매일 매일 힘들게 일하며 살아갔다. 그러던 어느 날 꿈에 흥부가 아이들에게 나타났다.

　"얘들아, 지금을 견뎌내라. 참아라. 욱하지도 마라. 너희들은 다시 번창하게 될 거야."

　그 말을 들은 흥부의 아이들은 열심히 일해서 돈을 모으고 모았다. 흥부의 말대로 흥부네 아이들은 부자가 되었다. 하지만 놀부의 아들은 돈만 계속 펑펑 써 결국 거지가 되어 흥부의 아이들한테 갔다. 어떻게 할지 고민하던 흥부 아이들의 꿈에 다시 흥부가 나타났다.

　"얘들아, 이제는 참지 말거라."

　하지만 착한 흥부의 아이들은 흥부의 말을 듣지 않고 놀부의 아들을 받아 주었다. 평화롭게 사는 것 같았지만, 얼마 뒤 놀부의 아들한테 아내가 생겨 같이 살게 되었다. 놀부 아들의 아내도 놀부처럼 나쁜 심보를 가지고 돈을 더 많이 얻고 싶어서 흥부의 아이들을 쫓아냈다.

　얼마 뒤 관아에서 놀부의 아들과 놀부 아들의 아내를 잡으러 왔다. 흥부의 아이들이 참지 않고 신고했기 때문이다. 결국 놀부의 아들과 놀부 아들의 아내는 곤장을 맞게 됐고, 흥부의 아이들은 다시 집을 되찾았다. 흥부의 아이들은 다른 이웃들에게 베풀며 살았다. 그들은 죽어서 동상이 세워질 정도로 모든 사람에게 존경받았다고 한다.

_이하민

❞

어때요? 우리 옛이야기라 더 재미있나요? 뒷이야기를 쓸 때는 '10년 뒤'처럼 시간을 미래로 훌쩍 달려가도 되고, '미국으로 이민 간 흥부는'처럼 공간을 훌쩍 넘어가도 이야기가 풍성해집니다.

책 먹는 여우

줄거리

책을 매우 좋아하는 여우 아저씨는 책을 다 읽고 나면 소금과 후추를 뿌려서 책을 몽땅 먹어 치워요. 열심히 책을 먹느라 가난해진 여우 아저씨는 도서관에서 책을 몰래 먹다 들켜 쫓겨난 뒤로, 배가 고파 서점에서 책을 훔쳤어요. 그러고는 감옥에 갔지요. 감옥에서 책을 먹을 수 없자, 여우 아저씨는 자신이 직접 책을 썼어요. 그 책이 많이 팔려 부자가 되었답니다.

작가가 된 여우 아저씨는 열심히 책을 쓰면서 소금과 후추를 뿌려 또 다른 책을 먹고 있었어요. 뉴스를 보면서 말이죠. 그런데 뉴스에서 책을 먹지 못하도록 법으로 지정됐다는 이야기가 나왔어요. 그 소식을 들은 여우 아저씨는 세상을 잃은 듯한 기분이 들었어요. 그래도 법은 법이니 어쩔 수 없이 책을 먹지 않고 밥을 먹어야만 했지요. 하지만 항상 책을 먹던 여우 아저씨라 밥을 먹을 수가 없었어요.

그래서 먹을 수 있는 음식을 찾기 위해 세계 여행을 했어요. TV에서 한국에는 맛있는 음식이 많다는 얘기를 듣고 한국으로 가게 되었어요. 그중 전라남도의 한 식당에 들어가서 홍어를 시켰는데 이상한 냄새가 나서 코를 막았어요. 하지만, 한 입을 먹으니, 코가 뻥 뚫리며 책을 먹는 맛이 느껴졌어요. 홍어는 정말 맛있고 입맛에 맞았어요.

"대체 이건 어떻게 만든 겁니까?"

식당 직원은 비법을 말해 줄 수 없다며 고개를 저었어요. 여우 아저씨는 식당에 취직해서 결국 비법을 알게 되었어요. 여우 아저씨는 홍어에 관한 요리책을 출판했는데 다시 베스트셀러가 되어 큰 부자가 됐다고 해요.

—김지안

여우 아저씨처럼 책을 읽을 때 소금과 후추를 치며 읽으면 어떨까요? 여우 아저씨가 한국에 와서 '홍어'를 먹는다는 이야기가 신선하고 재미있습니다. 여우 아저씨처럼 다음 이야기를 먹어 볼까요? 소금과 후추 준비하세요. 베스트셀러 작가도 되고 책도 마음껏 먹는 거지요.

완두콩 오형제

줄거리

완두콩 오형제는 넓은 세상으로 나가고 싶었어요. 어떤 남자아이가 완두콩 다섯 알을 총알로 쐈는데, 그중 하나가 어느 다락방 창문으로 날아갔어요. 그곳에는 가난한 어머니와 병든 여자아이가 살았는데 완두콩이 점점 덩굴로 자라며 꽃이 피자, 그걸 지켜보며 건강해졌죠. 여자아이는 감사하며 하나님께 기도 드렸답니다.

"

그런데 갑자기 여자아이 위에 빛이 났어요. 빛이 사라지더니 엄마가 소리쳤습니다.

"에구머니나!!"

여자아이는 바로 엄마가 있는 곳으로 달려갔습니다. 여자아이도 기적 같은 일이 벌어진 듯 소리쳤어요.

"우와! 도, 돈이다!"

진짜로 책상 위에 집 3채 정도 살 수 있는 돈이 놓여 있었습니다! 그래서 그 모녀는 돈 앞에서 감사의 기도를 했습니다. 그리고 옷도, 가구도 새로 사고, 집도 사고, 학교도 보내고, 가난한 사람들에게 나눠 졌지요. 하지만 돈은 아직 많이 남아 있었습니다. 여자아이는 고민하다가 문득 생각이 떠올랐어요. 바로 완두콩 농사를 짓는 거예요.

"엄마, 우리 돈이 많이 남았으니까 완두콩 농사를 짓는 게 어때요? 그리고 수확한 콩들을 싸게 파는 거예요!"

"그거 좋겠구나! 그러면 완두콩 씨를 사러 가 보자꾸나."

모녀는 완두콩 씨를 사고 텃밭에 심었어요. 그리고 매일 골고루 물을 주었어요. 5월 말쯤이 되자, 모녀는 콩을 잘 포장해서 시장에 갔어요. 시장에는 많은 사람들이 있었어요. 과일 파는 아저씨도 있고, 화분을 파는 아줌마도 있고, 빵을 파는 할머니도 있었어요.

"화분 사세요. 화분! 잘 안 깨지는 화분 사세요!!"

"고소한 빵 사세요. 맛이 아주 고소하답니다!"

엄마는 자리를 잡고 여자아이는 콩을 조금 담아 시장을 돌아다니며 소리쳤어요.

"완두콩 사세요! 오늘 수확한 완두콩이에요! 싸게 팔아요!"

소리치고 소리치고 계속 소리치자 몇몇 사람이 완두콩을 샀어요.

완두콩은 금세 인기가 많아졌어요. 그래서 모녀는 늘 뿌듯했답니다.

_안시언

마음씨 착한 주인공 여자아이에게 어떤 일이 더 일어나면 좋을까요? 마음껏 상상해서 써 보세요.

신데렐라

줄거리

　　신데렐라는 엄마를 잃고 아빠와 재혼한 새엄마, 두 언니와 함께 사는데, 새엄마와 언니들에게 온갖 구박을 받습니다. 어느 날 왕궁에서 무도회가 열리고, 요정의 도움으로 무도회에 간 신데렐라는 왕자와 즐겁게 지내요. 하지만 마법이 풀리는 12시가 되어, 황급하게 나오다 유리 구두 한 짝을 떨어뜨리죠. 전국을 다니며 유리 구두의 주인을 찾던 왕자는 그 주인인 신데렐라를 만나 결혼합니다.

"

　　신데렐라가 왕자와 결혼을 한 후 새엄마의 하인 일은 하지 않아도 된다는 게 믿기지 않았어요. 신데렐라는 왕자와 행복하게 살았지만, 왕자는 몇 년 후 죽고 말았어요. 그래서 신데렐라가 왕이 됐지만, 대를 이을 후손이 없었어요. 신데렐라는 수십 년 동안 나라를 다스렸는데, 할머니가 될수록 나라를 다스리는 일이 힘들어졌고, 그럴수록 백성들의 불만은 커졌어요. 그래서 왕을 이을 사람이 필요했어요.

　　신데렐라는 직접 왕을 고르기로 했어요. 언니들은 신데렐라에게 자기에게 왕을 시켜달라고 애원했어요. 하지만 못된 언니들에게 나라를 맡길 수 없어 거절했지요. 신데렐라는 왕자를 만나게 도와준 요정을 왕으로 결정했어요.

　　"혹시 우리 나라의 왕이 되어 주실 수 있나요? 이 왕관을 받아 주시면 정말 감사하겠습니다."

　　요정이 왕관을 씌워 주는 신데렐라에게 말했어요.

　　"당연하죠. 오히려 제가 더 고마운걸요."

　　요정과 신데렐라는 행복하게 살았고, 일도 매우 잘해서 최강 나라가 되었어요.

_고우빈

"

　　'신데렐라'의 뒷이야기를 상상해 본 적이 있나요? 없다면 곰곰이 생각해 보고 신나게 써 보세요. 기발하고 엉뚱한 상상력이 또 다른 재미있는 이야기를 만들어 낼 수 있을 거라 믿습니다.

뒷이야기 쓰기, 재미있었나요? 그렇다면 좋아하는 이야기 한 편을 골라 뒷이야기를 자유롭게 상상해서 써 보는 것도 추천합니다. 상상의 날개를 펼치다 보면 글쓰기 실력이 쑥쑥 자라날 겁니다.

12 내가 만드는 동화

사람들은 이야기를 좋아합니다. 책도, 영화도, 드라마도, 게임도 다 이야기가 노는 놀이터지요. 그런 이야기를 쓰는 방법이 간단하지는 않지만, 쉽게 쓰는 방법을 알려 줄게요.

이야기가 만들어지려면 먼저 **주제**가 있어야 해요. 그리고 세 가지가 필요한데, 바로 **인물**, **배경**, **사건**입니다.

인물은 이야기 속에 나오는 사람(또는 동식물이나 의인화한 사물)을,
배경은 인물이 활동하는 시간이나 장소를,
사건은 인물이 나와서 하는 일을 말해요.
그런데, 이 중에서 인물이 제일 중요해요. 인물이 바뀌면 사건과 배경도 바뀌게 되니까요.

이야기를 쓰려면 먼저 글의 주제를 정하고, 다음으로 인물과 성격을 정해 둡니다. 친구들이 미리 정해 둔 주제, 인물, 배경, 사건을 보고, 동화를 읽어 볼까요?

생활 동화 '마이쮸'

주제	친구와 사귀게 도와준 마이쮸
인물 1	이름 : 이다해 (나) 특징 : 새 학기에 전학 옴. 성격 : 차분함. 나이 : 11세 (초등학교 4학년)
인물 2	이름 : 김지우 취미 : 마이쮸 선물하기 성격 : 활발함. 나이 : 11세 (초등학교 4학년)

인물은 2명 이상이면 됩니다. 자신의 경험을 가지고 이야기를 써도 좋지요. '마이쮸'의 배경과 사건은 아래와 같아요.

배경	다해의 학교, 다해의 아파트
사건 1	새 학기에 전학 온 다해에게 다가오는 지우, 점점 친해짐.
사건 2	어느새 단짝이 된 다해와 지우
사건 3	멀리 이사를 가는 지우에게 편지를 쓰며 우는 다해

주제, 인물 소개, 배경과 사건까지 다 알아보았으니 어떤 이야기가 나올지 궁금합니다. 그럼, '마이쮸' 이야기 속으로 같이 가 볼까요?

마이쮸

이정현

오늘은 저의 4학년 첫 수업입니다. 반 친구들과 선생님께 제 소개를 했습니다. 띠리리링! 쉬는 시간 종이 힘차게 울립니다. 친구들은 겨울 방학에 있었던 일을 말하거나 인사했습니다.

저는 이 학교에 전학 와서 아직 친구가 없습니다. 제가 혼자 그림을 그리고 있을 때, 앞에 마이쮸가 슬며시 책상에 놓였습니다.

"안녕, 난 김지우라고 해! 이거 먹을래?"

"어. 고마워."

저는 마이쮸를 그리 좋아하지 않지만, 저에게 처음으로 말을 걸어준 친구가 고마워 대답했습니다. 우리는 전화번호도 서로 교환하고, 수다도 떨었습니다. 띠리리링! 수업이 끝났다고 다시 종이 힘차게 울립니다. 수다를 떨면서 걷다 보니 이윽고 저희 아파트까지 와버렸습니다.

"어? 우리 아파트도 여긴데!"

"정말?"

우린 어느새 학교에 갈 때도, 우유를 가져갈 때도, 화장실을 갈 때도 같이 다니는 단짝 친구가 되었습니다. 지우는 제가 슬플 때나 기쁠 때나 언제나 마이쮸를 줬습니다. 그리고 생일에 엄청 귀여운 쿼카 인형을 선물해 주기도 했습니다.

그런데 어느 날, 지우는 멀리 이사를 해서 전학을 간다고 했습니다. 저는 너무 슬펐습니다. 지우가 이사 가기 전날, 편지를 썼습니다.

"내 친구 지우에게

지우야, 네 단짝 친구 다해야. 널 만나고 나서 학교생활이 정말 즐거웠어. 정말 정말 고마워!

– 너의 가장 친한 친구 다해가 – "

편지를 쓰는데 계속 눈물이 났습니다. 그러다 턱까지 흘러 눈물 한 방울이 편지에 똑 떨어졌습니다. 마치 제 마음처럼요….

슬픈 동화 한 편입니다. 전학 와서 서먹서먹한 다해에게 다가간 고마운 친구 지우. 그리고 이별. 어린 시절 헤어진 친구 생각이 나는 이야기입니다.

판타지 '시금치 공주'

이번 이야기는 인물, 배경, 사건에 줄을 그으면서 읽어 보세요.

시금치 공주

이주은

옛날옛날 시금치로 둘러싸인 섬나라가 있었습니다. 그 시금치 왕국에 사는 시금치 공주는 시금치를 싫어했습니다. 공주의 아버지가 시금치를 먹이는 사람에게 시집을 보내기로 결심한 걸 알고 공주는 섬에서 탈출했습니다. 공주는 막상 탈출을 했지만 어디로 가야 할지 몰랐습니다. 바로 그때, 공주의 앞에 할아버지가 불쑥 나왔습니다.

"아가씨 나를 따라오세요."

왠지 믿을 수 있는 할아버지 같아서 따라갈까 말까, 고민하다 결국 따라가게 되었습니다.

"할아버지, 아직 멀었어요?"

"자! 여기가 우리 집이에요!"

그 집은 세상에나! 모두 시금치로 만든 집이었습니다. 공주는 도망치려 했지만 이미 할아버지 손안이었습니다. 할아버지는 공주를 가두고 시금치를 먹여 왕이 되려 했습니다. 공주는 탈출하려고 했습니다. 바로 시금치로 된 벽을 뜯어서요! 공주는 할아버지가 시금치를 뽑으러 간 틈을 타서 탈출에 성공했습니다. 공주는 그 집을 떠나기 전에 부엌에 가서 시금치 양념을 만들었습니다.

"시금치가 얼마나 끔찍한지 한번 맛 좀 봐라!"

시금치 공주가 만든 시금치 양념 덕분에 할아버지는 평생 시금치 반찬만 먹게 되었답니다. 공주는 해맑게 웃으며 저 멀리 맛있는 햄 나라로 떠났답니다.

그럼, '시금치 공주'의 주제와 인물을 한번 써 볼까요?

주제		
인물 1	이름	
	특징	
	성격	
	나이	
인물 2	이름	
	특징	
	성격	
	나이	

이제 '시금치 공주'의 배경과 사건을 써 보세요.

배경	
사건 1	
사건 2	
사건 3	

판타지 '초록이와 수상한 알약'

이번에도 인물, 배경, 사건에 줄을 그으면서 읽어 보세요.

"

초록이와 수상한 알약

고가빈

　옛날 옛적에 한 사탕이 살았다. 그 사탕은 봉지 왕국에 살았는데 봉지 왕국엔 계급이 있었다. 제일 높은 포도 맛, 그다음으로 높은 복숭아 맛, 그다음으로 높은 딸기 맛, 마지막으로 사과 맛이 있었다. 하지만 그 사탕은 제일 낮은 계급인 사과 맛이었고 그 사탕의 이름은 '초록이'였다. 초록이는 매일매일 열심히 살았지만, 가난에서 벗어날 수 없었다. 그렇게 열심히 살아가던 중 한 상인이 길을 걷던 초록이를 불렀다.

　"어이! 거기 사과 맛! 이리 와 봐!"

　"네? 저요?"

　"그래 너! 너 혹시 너의 맛을 바꿀 생각 없니? 단돈 1봉지(돈 단위)만 주면 맛을 바꿔 주는 알약을 줄게."

　초록이는 속는 셈 치고 봉지를 주고 상인에게 알약을 받아 돌아왔다. 초록이는 알약을 먹으려고 했지만, 수상하다는 생각이 들어 그만두었다.

'혹시 뭐가 들어가 있을지 몰라. 난 지금도 행복하니까 만족하며 살자.'

그러나 며칠 뒤 그 상인은 약을 여기저기 뿌리고 다녔고 딸기 맛과 복숭아 맛 사탕들은 알약을 먹고 포도 맛 사탕이 되었다. 결국 사과 맛 사탕은 초록이 하나밖에 남지 않았고 포도 맛 사탕은 너무 많아져 권력을 나눌 수 없게 되었다. 자연스레 권력은 초록이에게 갔고 초록이는 왕이 되어 나라를 잘 다스렸다.

사탕을 사람인 것처럼 쓰니 더 신선하고 흥미로운 이야기였습니다. 이렇듯 새로운 이야기를 만든다는 것은 매우 즐거운 일이에요. 이번에도 빈칸을 채워 볼까요? 쓰다 보면 머릿속에 이야기가 피어오를 거예요.

주제

인물 1	이름	
	특징	
	성격	
	나이	
인물 2	이름	
	특징	
	성격	
	나이	

배경

사건 1

생활 동화 '체리와 베리'

이번 동화는 유기 동물에 관한 이야기를 다룬 생활 동화입니다.

"

체리와 베리

양희유

어느 한 마을에 체리라는 고양이와 베리라는 강아지가 살았어요. 체리와 베리는 어느 한 쓰레기통에 버려졌어요. 체리는 맨날 먹을 것을 구해 와서 베리를 먹였어요. 왜냐하면 베리는 아기거든요. 하지만, 견디다 못한 체리는 베리를 데리고 보호소에 찾아갔어요.

어떤 사람이 체리와 베리를 입양했어요. 그 주인의 이름은 민주였어요. 민주는 남자 친구가 있었어요. 남자 친구도 강아지를 키웠어요. 남자 친구는 민주가 강아지와 고양이를 입양한 것을 보고 행복해하며 결혼하자고 했어요. 둘은 결혼해서 체리와 베리와 함께 행복하게 살고 있었어요. 그러던 어느 날, 갑자기 옛날 주인이 집으로 찾아와 소리쳤어요.

"내 체리와 베리를 내놔!! 안 돌려 주면 경찰에 신고할 거야!"

그는 협박하며 계속 소리쳤어요. 그때, 변호사인 민주의 남편이 왔어요.

"진짜 말이 안 통하네. 경찰서로 가자고!!"

민주와 남편, 그리고 옛날 주인은 함께 경찰서로 갔어요.

거기서도 옛날 주인은 자기가 체리와 베리의 주인이라며 소리쳤어요.

경찰은 한참 동안 뭔가를 찾더니 말했어요.

"저희가 CCTV를 확인한 결과, 당신이 버린 것이 여기 찍혔네요. 이제 고양이와 강아지의 소유권은 민주씨에게 있습니다."

옛 주인은 끝까지 못마땅해하며 집으로 돌아갔어요. 민주네 가족은 행복하게 살았답니다.

이 동화는 주제와 배경, 사건만 간단하게 적어 보세요.

주제	
배경	
사건 1	
사건 2	
사건 3	

우화 '게임 중독 호순이'

이야기의 등장인물로 동물이나 장난감 같은 사물이 나와도 됩니다. 그중 동물이 주인공으로 등장하는 글을 '우화'라고 해요. 이솝 우화가 대표적이죠. 이번에 소개할 글은 우화예요. 먼저 인물 소개부터 보고 이야기를 읽어 보세요.

주제	게임 중독이 된 호순이의 변화
인물 1	이름 : 호순이 (호랑이) 취미 : 몰래 핸드폰 하는 것을 좋아함. 성격 : 맑고 활발함. 나이 : 15세 (중학교 2학년) 기타 : 중2병이 좀 세게 옴.

인물 2	이름 : 늑순이 (늑대)
	취미 : 호순이와 같이 노는 걸 좋아함.
	성격 : 활기참.
	나이 : 15세 (중학교 2학년)

인물 3	이름 : 호순이 엄마 (어미 호랑이)
	특징 : 호순이 말을 잘 들어줌.
	성격 : 순수함.
	나이 : 38세

인물 4	이름 : 선생님 (딱따구리)
	특징 : 아이들이 말을 듣지 않으면 부리로 몸을 콕콕 때림.
	성격 : 사나울 때도 있지만 아이들을 많이 사랑함.
	나이 : 알 수 없음.

배경	호순이네 집, 호순이네 학교
사건 1	엄마 몰래 핸드폰으로 게임을 하는 호순이가 결국 밤을 샌다.
사건 2	학교에서 졸다 걸리고, 친구 늑순이를 때리는 호순이
사건 3	엄마에게 아빠의 사고에 대해 듣는 호순이, 이후 달라지는 모습

게임 중독 호순이

이태훈

어느 날 저녁 호순이는 저녁밥을 먹고 방으로 들어가 또 핸드폰을 켜고 게임을 합니다. 한편 호순이 어머니는 공부는 하지 않고 계속 게임만 하는 호순이가 걱정됩니다. 그래서 호순이의 방문을 열고 호순이에게 조용하게 말합니다.

"호순아, 게임 조금만 하고 공부해"

"아! 알았다고. 좀 나가!"

호순이가 엄마를 향해 소리치자, 호순이 엄마는 방문을 닫고 나옵니다. 하지만 호순이는 두 시간이 넘도록 계속 게임을 했고, 호순이 어머니는 그냥 자라고 말합니다. 그러자 호순이는 방문을 세게 닫고 잠을 청했습니다. 하지만 게임을 더 하고 싶은 마음에 '그래 30분만 더하고 자자.'라고 생각하며 엄마 몰래 핸드폰을 합니다. 그러나 30분은 한 시간이 되고, 한 시간은 세 시간이 되고, 세 시간은 밤을 하얗게 만들어 버립니다. 호순이는 잠을 한잠도 못 자서 온몸이 쑤시고 눈은 침침한 데다가 어지럽기까지 합니다. 그래도 학교는 가야 해서 책가방을 메고 학교에 갑니다.

호순이가 앉자마자 수업을 시작하는 종이 울립니다. 그때, 딱따구리 선생님이 교탁을 치며 교과서를 펴라고 말합니다. 호순이는 너무 졸려서 교과서를 세운 다음, 안 보이게 엎드려서 잠을 잡니다. 딱따구리 선생님은 그것을 눈치채고 호순이에게 순식간에 날아가서, 일어나라며 호순이 머리를 콕콕 찔렀습니다. 그제야 호순이는 일어나 비몽사몽인 상태로 수업을 듣습니다.

1교시가 끝나고 호순이는 너무 졸려서 자고 있는데 호순이 짝꿍 늑순이가 호순이에게 놀자며 떼쓰기 시작합니다. 호순이는 늑순이가 짜증 나서 늑순이를 밀치고 때렸습니다. 그러자 반 아이들이 깜짝 놀라며 선생님을 불렀습니다. 하지만 다행히도 늑순이 어머니와 늑순이가 용서해 주며 사건은 좋게 끝났지만 호순이의 어머니는 참았던 분노를 터뜨리며 엄청난 말을 쏟아냅니다.

"호순아, 잘 들어. 네 아빠도 횡단보도에서 핸드폰을 보다가 차에 치여 죽었어."

그 말을 들은 호순이는 너무 깜짝 놀랐습니다. 평소 호순이 엄마는 아빠의 이야기를 거의 하지 않았기 때문입니다. 그 이후로 철이 든 호순이는 열심히 공부했고, 시험을 볼 때마다 항상 100점을 맞았습니다. 심지어 절친인 늑순이와 코코넛톡이라는 회사를 만들어 엄청난 돈을 벌어 엄마와 함께 행복하게 살았습니다.

시리즈 동화 '황금 복서'

시리즈로 계속 이야기가 이어질 것 같은 동화도 있습니다. 상상력이 꼬리에 꼬리를 무는 경우지요.

황금 복서

신유찬

훈련을 많이 해서 유명해진 복서가 비행기를 타고 미국으로 가는데 그만 비행기가 추락한다. 그는 무인도에 가서 비즈니스맨을 만나 먹을 것을 주며 훈련해서 무인도 복서가 된다. 비즈니스맨과 함께 무인도에서 탈출한 복서는 도시로 돌아와 황금 복서가 된다. 황금 복서는 황금 글러브와 황금 가루를 뿌린 황금 머리, 황금 망토, 황금 바지를 입는다.

황금 복서는 지나가는 격투기 달인을 만나 열심히 훈련해서 격투기 복서가 된다. 그는 유령이 사람들을 괴롭힌다는 소리를 듣고 유령을 퇴치하러 간다. 하지만, 오히려 유령에게 홀려 유령 복서가 되는데, 유령을 멋지게 물리쳐 다시 황금 복서가 된다.

그는 사람들을 구해서 히어로 복서가 되었는데, 에어컨을 −1,000도로 틀어서 얼음 복서로 변신한다. 하지만, 다행히도 여름이라 다 녹아서 다시 황금 복서로 돌아온다.

(다음 화에 계속)

글쓴이는 복서가 참 다양한 경험과 만남을 통해 변신하는 모습을 썼는데 〈복서 시리즈〉로 계속 쓰고 싶어 하더군요. 이것도 2편의 내용을 압축한 글이에요.

그렇다면 시리즈 동화는 어떻게 쓸까요? 다음 예시를 보면 알 수 있습니다. 글을 쭉 쓴 다음, 여러 편으로 나눠요. 나눌 때는 주인공들의 위기가 올 때 끊어서 '다음 화에 계속' 이렇게 쓰면 보는 사람, 쓰는 사람 모두 재미있답니다.

소녀 헬린

이하연

1화

안녕? 난 예쁜 소녀 헬린이야. 난 얼마 전부터 숲속 집에서 혼자 살아. 왜냐하면 아빠도 엄마도 돌아가셨거든. 그리고 먹을 것을 구하러 숲속을 다니고 있어. 어흥!! 으르렁!! 갑자기 뭔가 나타났어.

(다음 화에 계속)

2화

꺄아아악! 늑대와 곰, 호랑이 같은 무서운 동물이 내 주변을 둘러쌌어. 동물들은 날 공격하기 시작했지. 난 살기 위해 애썼어. 난 자꾸 달려야 했어. 그렇지만, 자꾸자꾸 길을 잃었어.

(다음 화에 계속)

3화

난 계속 계속 뛰었어. 그런데 갑자기 으리으리해 보이는 집이 있는 거야. 뒤를 돌아보니 쫓아왔던 짐승들은 한 마리도 안 보였어. 그래도 몸을 잠깐 피할 곳이 필요했어. 나는 집 안으로 들어갔어. 들어가 보니 아무도 없었어.

(다음 화에 계속)

4화

    그 집은 3층까지 있었어. 그리고 그 집은 방이 100개나 될 정도로 아주 많았어. 그런데 갑자기 사람이 들어오는 소리가 들렸어. 나는 얼른 몸을 숨겼어. 집 안으로 들어온 사람은 아주 잘생긴 핸센이라는 남자였어. 핸센은 숨어 있는 나를 보고 깜짝 놀랐어. 왜냐하면 나 헬린은 예쁘게 생겼거든. 핸센은 나에게 반해서 결혼하자고 했어. 그래서 나는 핸센과 결혼해서 아주 행복하게 살았어.

    <끝>

한번에 쭉 쓰는 것도 재미있는데, 이렇게 4편으로 나눠 보는 것도 재미있죠?

내가 만드는 이야기

    이제 꼬물꼬물 피어오르던 이야기가 눈앞에 떠오르나요? 그렇게 이야기가 그려져도 한번에 쓰는 건 쉽지 않지요. 심호흡을 하고, 이야기를 떠올리면서 주제와 인물 소개를 먼저 써 보세요.

주제

인물 1	이름	
	특징	
	성격	
	나이	
인물 2	이름	
	특징	

120

인물 2	성격	
	나이	
	이름	
인물 3	특징	
	성격	
	나이	

이번에는 배경과 사건을 써 보는 겁니다. 등장인물의 성격을 자세하게 적었다면 사건이 매우 흥미진진해지겠죠?

배경	
사건 1	
사건 2	
사건 3	

사건을 써 보니 재미있는 이야기 한 편이 완성되었죠? 내가 만든 인물들이 활개 치고 다니는 새로운 세상을 만들었으니, 얼마나 뿌듯할까요? 이제 직접 재미있는 이야기를 만들어 보세요. 다 만든 이야기는 다른 친구들에게 읽어 주세요. 그럼 엄청나게 좋아할 거예요. 왜냐고요? 우린 이야기를 좋아하는 이야기 세상에 살고 있으니까요!

제목:

★ 정답 ★

친구들이 쓴 동화의 주제, 인물, 배경, 사건은 이렇게 정리할 수 있습니다.
표현은 조금씩 다를 수 있으니 자신이 쓴 것과 비교해 보세요.

111, 112쪽_시금치 공주

주제	시금치 공주의 시금치 왕국 탈출기	
인물 1	이름	시금치 공주
	특징	시금치를 싫어함. 탈출을 아주 잘함.
	성격	적극적이며 도전적임. 포기할 줄 모름.
	나이	21세
인물 2	이름	할아버지
	특징	왕이 되려는 욕심이 많음. 자기 꾀에 자기가 속음.
	성격	남을 속이는 걸 좋아함.
	나이	60세
배경	시금치 왕국	
사건 1	시금치를 싫어하는 시금치 공주가 시금치 왕국을 탈출.	
사건 2	할아버지의 꾐에 넘어가 집에 갇힌 시금치 공주.	
사건 3	할아버지 집에서 탈출한 시금치 공주가 햄나라로 떠남.	

113, 114쪽_초록이와 수상한 알약

주제	봉지 왕국의 왕이 된 초록이	
인물 1	이름	초록이
	특징	제일 낮은 계급의 사탕으로 열심히 일함.
	성격	판단력이 뛰어나고 자신의 삶에 만족하며 행복해 함.
	나이	25세
인물 2	이름	상인
	특징	돈 욕심이 많아 나쁜 일을 꾸밈.
	성격	남을 속이려 잔꾀를 부림.
	나이	40세
배경	봉지 왕국	
사건 1	봉지 왕국의 가장 낮은 계급 초록이가 상인을 만나 알약을 삼.	
사건 2	포도 맛(가장 높은 계급)으로 바꿔 준다는 상인의 말에 속는 사탕들.	
사건 3	초록이를 제외한 모든 사탕이 포도 맛으로 변해 초록이가 봉지 왕국의 왕이 됨.	

115쪽_체리와 베리

주제	유기 동물을 사랑으로 보살피는 민주네 가족
배경	체리와 베리가 사는 마을, 민주네 집
사건 1	주인에게 버림받은 체리와 베리가 동물보호소로 감.
사건 2	체리와 베리를 입양한 민주네 집에 옛 주인이 찾아와 자신이 주인이라며 소리침.
사건 3	옛 주인이 체리와 베리를 버린 장면이 CCTV에 찍힘. 행복하게 사는 민주네 가족.

★ 자유 메모 ★

맺는 글

친구들 안녕!

감성 질문부터 이야기 쓰기까지 부지런히 달려온 친구라면
아마도 글잘디가 깨어났을 거예요.
어떤 글은 재밌게 바로 써지는데,
어떤 글은 끄으응~ 나올 것 같다가 얄밉게 쏙 들어가 버려
속상하기도 했을 겁니다. 그래도 글잘디는 깨어나
'어흠~ 내가 여기 있으니 걱정하지 마'라며 어슬렁거리고 있을테지요.

우리 친구들의 글쓰기 능력이 이 책을 통해
에베레스트산만큼 빠르게 높아진 것 같아 다행입니다.
모두 모두 열심히 써 줘서 정말 고마워요.
글쓰기를 어렵지 않고 즐겁게 생각하는 친구들, 정말 정말 축하합니다!

기쁠 때도 글 쓰고,
슬플 때도 꼭 글 쓰고,
화날 때도 언제든 글 쓰고,
속상할 때도 빠짐 없이 글 쓰고,
뿌듯할 때도 꼼꼼하게 글 쓰는 멋진 친구들이 되길 바랍니다.

글 쓰는 게 제일 행복한
글잘디쌤